Ford hat ein Auto gebaut
Das fährt ein wenig laut.
Es ist nicht wasserdicht
Und fährt auch manchmal nicht.

Bertolt Brecht

Klaus Isele/Peter Salomon (Hrsg.)

Sein heißes Lied
schreit donnernd der Motor

100 Auto-Gedichte

Klaus Isele Editor

Herstellung und Verlag:
BoD – Books on Demand, Norderstedt
ISBN 978-3-7526-6748-6

Reimar Banis

Januar

Es schneit. Der Wagen bullig warm.
Radiomusik, knarrende Geräusche daneben.
Der alte Mann: langsam und hager in schwarzem
Mantel geht langsam durch den Schnee.
Ich beobachte ihn durch die zuschneiende Scheibe.
Wagen fahren vorbei, der alte Mann tritt aus der
Fahrspur, geduldig wartet er weiterzugehen.
Minuten vergehen, ehe er 200 m. entfernt
hinter einer Ecke verschwindet.
Eine dicke alte Frau folgt ihm nach.
Auch sie sehr langsam, läßt sie Wagen um Wagen
vorbei, wie er, auch geduldig im Warten.
Bis sie verschwindet, schneit es noch.
Die Scheiben sind beschlagen, hastig
drehe ich das Radio ab, wische.
Sie ist weg. Spur im Schnee 2 x.
Ich drehe das Radio an. Nichts.
Ab und zu der Pausengong.
Ein Beckettbuch, Seite 56:
Das Lesen ist sinnlos geworden.

Kurt Bartsch

Autowäsche

Vater, Mutter, Sohn per pedes,
in den Händen Plastikeimer,
Durch den Garten zum Mercedes,
Schreiten sie, zu ihrem Daimler.

Rücken ihm vereint zu Bleche
Mit dem neuen Doppelspüler,
30 Grad, die sanfte Wäsche
Für den taubenblauen Kühler.

Bringen ihn auf Hochglanz wieder
Ihren Stern auf allen Straßen,
Bis er duftet wie der Flieder
Links und rechts vom Kunststoffrasen.

Kölnisch Wasser für die Scheiben,
Reifenspray und Motordeo.
Nicht ein Stäubchen darf verbleiben
Sagt der Vater zu dem Theo.

Mutter, die den Lappen wringt,
Sagt zum Vater: Jetzt erschall es!
Dieser strafft sich, und er singt:
Deutschland, Deutschland über alles.

Uli Becker

Wham Bam Thank You Mam

Im Gegensatz zu Bogart,
der seine Orgasmen fluchend
erlebte und böse plaziert wie
einen Schlag unter die Gürtel

linie, erinnern sie mich
an die Wochenschauaufnahmen
eines geglückten Verkehrs
unfalls: Zwei Wagen rasen

auf eine Kreuzung zu, beide
den Pinn voll durchgetreten,
und als sie merken, was kommt,
ist schon alles zu spät:

Blockierende Bremsen, Schweiß
perlen, ein Quietschen und
Kreischen, das immer schriller
wird, dann einen Sekunden

bruchteil gar nix, kein Laut,
Panik in Zeitlupe – und dann
der Aufprall (»CRASH!«),
und was da fließt ist Blut

und Benzin in Strömen, achte
mal drauf bei Gelegenheit!

Reinhard Bernhof

Homo automobilis

Mit dem Zeige-, Mittelfinger
den Gummistreifen entlangfahren
Chrom beklopfen, das Blech drücken
Türen streicheln

Der Geruch der Plaste
des frischen Lacks, des Polsters

Sitze ausprobiert, die Lehne
das Lenkrad bewegt, die Bespannung des Stoffs
übern Kopf gefühlt
nahtlos
wie Christi Gewand

In schockfarbener Chitinkarosse
Teil deiner selbst
wie das Geschlecht, die Zähne
Nerven
von Scheinwerfern bis zu Schlußlicht

Das Hirn eilt voraus, zerteilt Ströme
Langsamfahrender

Homo automobilis:
vierrädrig

mit zeitweiliger Sucht
zum nomadenhaften Umtrieb

Ted Berrigan

Nach Southampton

Macht schon
Steigt in den Volkswagen
Fahrt an den Atlantik
Steigt aus
Seht
Eure Schatten
Im Nebel

Beim zweiten Halt
Derselbe Ozean
Wie beim ersten Mal

Zurück in den Volkswagen
Rons oder den von irgend jemand anderes
Springt an
Fuß auf dem Gaspedal

COCA COLA 20 cent

Motorengeräusch

Befriedigung

Zu Haus
Weit weg von zu Haus.

Nicolas Born

Landschaft mit großem Auto

Mit so einem großen Auto müssen wir hindurch
    tot   oder lebendig
im Nacken eine Musik
        die nie aufhört
süße Luft von Montana bittere Luft von Missouri
    unsere Mäntel wehen als wären wir auf der Flucht
wir tanken voll
        Hundefänger streunen
wir in den Seitenblicken der Cowboys
wir im spendablen Schatten eines Flugzeugs
wir außerhalb des Schußfeldes von Chicago
    wir schütteln William Fulbright die Hand
        wir geistern durch Arkansas
wir besuchen das Grab eines Dichters zu Lebzeiten
Grün rundum   nur mit einem Stich ins Gelbe
die Demonstration rennt in die Flammen von Phoenix
    Arizona rotbraun der Weltraum schwarz
wir sind ein Punkt der sich westwärts bewegt
wir sind nicht Amerikaner
    gehören aber auch dazu
ein Sheriff zwingt uns zum Anhalten
nein wir haben keinen schwarzen Hitchhiker mitgenommen
wir sind keine Pferdediebe allerdings Deutsche
unsere Höflichkeit ist die Höflichkeit von Ausländern
        wir werden schneller
wir meinen wir sausen
        eingepackt in süße Luft
und eine Musik die nie aufhört
        altern wir ganz langsam
vielen Dank Pentagon
für diesen statistischen Verzögerungseffekt

Richard Brautigan

Der Galiläa-Tramper

Teil 1

Baudelaire fuhr
in einem Model A Ford
durch Galiläa.
Er nahm einen
Tramper namens
Jesus mit,
der zwischen einem Schwarm
Fische stand
und Brot
verfütterte.
»Wo fahren Sie
hin?« fragte
Jesus, als er
sich auf den
Beifahrersitze setzte.
»Irgendwo, irgendwohin
raus aus dieser Welt!«
rief
Baudelaire.
»Ich fahr mit
Ihnen bis
Golgatha«,
sagte Jesus.
»Ich hab eine
Konzession
für den Jahrmarkt
dort, und ich
darf mich nicht
verspäten.«

Beat Brechbühl

In meinem Wagen lieben sich unbekannte Geschwister

Ich weiß doch es ist ziemlich
eng, hat keine Vorhänge, der Schalthebel
ist immer im Weg leicht reißt man Kabel
aus, zumindest haben die Sitze Abfluß-
rinnen, das Dach ist abwaschbar auch Türen und
Fenster, das Radio funktioniert im
Stehen, der Rückspiegel ist stumm.

Jeden Tag diese straffe
Beanspruchung, ich denke
bald will das Auto gar nicht mehr
fahren.

Bertolt Brecht

Singende Steyrwägen

Wir stammen
Aus einer Waffenfabrik
Unser kleiner Bruder ist
Der Manlicherstutzen.
Unsere Mutter aber
Eine steyrische Erzgrube

Wir haben:
Sechs Zylinder und dreißig Pferdekräfte.
Wir wiegen:
Zweiundzwanzig Zentner.
Unser Radstand beträgt:
Drei Meter.
Jedes Hinterrad schwingt für sich: wir haben
Eine Schwenkachse.
Wir liegen in der Kurve wie Klebestreifen.
Unser Motor ist:
Ein denkendes Erz.

Mensch, fahre uns!!

Wir fahren dich so ohne Erschütterung
Daß du glaubst, du liegst
In einem Wasser.
Wir fahren dich so leicht hin
Daß du glaubst, du mußt uns
Mit deinem Daumen auf den Boden drücken und
So lautlos fahren wir dich
Daß du glaubst, du fährst
Deines Wagens Schatten.

Theo Breuer

wozu ist die straße da
[AUF DER AUTOBAHN · KRACHTS UM HALB DREI]

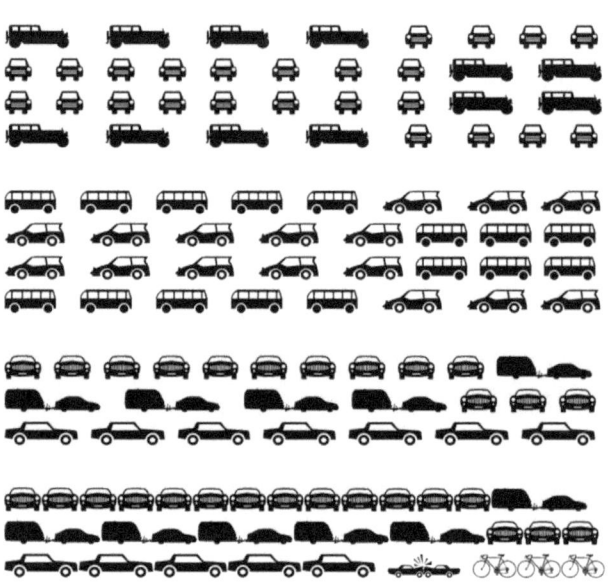

Rolf-Dieter Brinkmann

Auto

Der Wagen
setzte
noch
einmal zu-

rück, und
die Hin-
terreifen
zerquetsch-

ten endgültig
ihm die
Brust
du lieber Him-

mel, sagten
sie
das
muß schmerz-

haft sein, so
dazu-
liegen
im eigenen Dreck.

Charles Bukowski

Das qualmende Auto

Sie halten, direkt vor meinem
Fenster, es sieht aus
als würde das Auto brennen
blauer Qualm aus Motorhaube und Auspuff
Fehlzündungen wie Kanonenschläge
der Wagen bockt wie verrückt
ein Typ steigt aus
O je, sagt er, nimmt einen tiefen
Schluck aus einem Wasserbeutel
und sieht entgeistert das Auto an
der andere Typ steigt aus und
sieht sich das Auto an
O je, sagt er und setzt eine
Whiskyflasche an, dann
reicht er die Flasche seinem Freund
sie stehen beide da und
sehen das Auto an,
der eine mit dem Whisky
der andere mit dem Wasserbeutel
sie tragen nicht die üblichen
Hippie-Klamotten, sondern echtes
altes Zeug – verblichen,
verschmutzt, ausgefranst
ein Schmetterling segelt
an meinem Fenster vorüber
sie steigen wieder ins Auto
und es bockt los, im 1. Gang,
wie ein Bronco beim Rodeo
sie lachen beide, und der
eine setzt wieder die

Whiskyflasche an …
Der Schmetterling ist fort
und draußen hängt eine Wolke Qualm
12 Meter im Durchmesser.

Das waren die ersten echten
Menschen in Los Angeles
seit 15 Jahren.

Charles Bukowski

Unterwegs mit Ludwig

Ich fahre die Wilton Avenue
hinunter, da macht dieses
Girl von etwa 15 Jahren einen
Schritt auf die Fahrbahn, in
engen Bluejeans, die ihren
Hintern wie zwei Hände packen.
Ich halte und lasse sie über
die Straße, und während ich
ihre schlingernde Silhouette
betrachte, sieht sie mich
durch die Windschutzscheibe
mit violetten Augen an. Dann
kommt aus ihrem Mund die
größte rosarote Blase
Bubblegum, die ich je
gesehen habe. Aus dem Auto-
radio kommt gerade etwas von
Beethoven. Sie geht in ein
kleines Lebensmittelgeschäft
und ist verschwunden. Und ich
bin wieder mit Ludwig
allein.

Charles Bukowski

Warm ums Herz

Sonntag früh um halb elf
wurde ich wach, und plötzlich
saß ich kerzengerade im Bett
und sagte
»Ach, Herrgottsack!«
und sie sagte
»Was hast du denn, Hank?«
und ich sagte
»Mein Auto. Weißt du noch
wo wir gestern abend
geparkt haben?«
»Nö«, sagte sie
und ich sagte
»Also ich habe da ein ganz
mulmiges Gefühl.«
Ich zog mich an und ging raus
auf die Straße. Ich wußte nicht
mehr, wo das Auto war, und machte
mir Sorgen. Ich ging die Straße rauf
und die Parallelstraße wieder
runter und sah es nirgends.
Meine Autos und ich. Jedesmal eine
Liebesgeschichte. Je älter eins ist
bzw. je länger ich es schon habe
desto inniger das Verhältnis.
Das da war eine ganz alte Liebe…
Dann, drei Blocks weiter westlich
sah ich es, mitten auf einer ganz
engen Straße, keiner kam noch
rein oder raus. Da stand mein
Auto, seelenruhig, wie ein

vergessener Suffkopp. Ich
stieg ein, drehte den Zünd-
schlüssel, der Motor
sprang an.
Nicht mal ein Knöllchen.
War mir warm ums Herz.
Ich fuhr es in meine Straße und
parkte es. Umsichtig.
Ich ging wieder die Treppe rauf
ins Schlafzimmer.
»Und?« fragte sie. »Alles klar mit
deinem Auto?«
»Yeah«, sagte ich, »ich habe es
gefunden. Rate mal, wo es…«
»Du sorgst dich zu viel um das
Scheiß-Auto!« blaffte sie. »Hast du
wenigstens Bier oder Seven-Up
mitgebracht?« Ich brauch was!
Jetzt gleich!«

Ich zog mich aus, kroch wieder
ins Bett, drückte meinen dicken Arsch
an ihren dicken Bauch und sagte
kein Wort mehr.

Charles Bukowski

2-3-1

Wir sind auf der Überholspur, und er
fährt dicht auf, im Rückspiegel
sehe ich sein Gesicht, er hat
blaue Augen; und einen kalten
Zigarrenstummel im Mund.
Ich mache ihm Platz, er überholt
und verlangsamt. Das gefällt
mir gar nicht.
Ich wechsle wieder die Spur und hänge
mich an seine Stoßstange. So
fahren wir durch Compton.
Wie ein Tandem.
Autoradio an. Zigarette zwischen
die Lippen.
Er erhöht um 5 Meilen pro Stunde.
Ich tu es ihm nach. So
fahren wir nach Inglewood hinein.
Er macht mir Platz, ich
überhole und verlangsame. Im nächsten
Moment sehe ich im Rückspiegel
daß er mir wieder an der hinteren
Stoßstange klebt.
Fast hätte ich seinetwegen die Ausfahrt
zum Century Boulevard verpaßt.
Ich flippe den Blinker, zische über drei
belebte Fahrspuren und treffe gerade
noch die Ausfahrt, indem ich einen
Tanklastzug schneide.
Blue Eyes kommt hinter dem Tanker hervor-
geschossen. Zweispurig brausen wir
die Ausfahrt runter zur Ampel

die auf Rot ist. Wir stehen neben-
einander. Keiner schaut zum
anderen rüber.
Vor mir ein leerer Schulbus, und
davor ein Mercedes.
Grün, und Blue Eyes zischt ab.
Ich auf seiner Spur hinter ihm her.
Dann sehe ich, daß am Straßenrand
nirgends ein Auto parkt, also
überhole ich ihn rechts, den Mercedes
auch, drehe das Radio lauter, komme
bei Grün über die nächste Kreuzung
während die Ampel bei Blue und
Mercedes schon voll auf gelb steht.
Ich setze mich vor die beiden
um nicht auf einen geparkten Gemüse-
laster zu knallen.
Jetzt fahren wir in 1-2-3-Formation
nirgends ein Streifenwagen in Sicht
wir brausen durch einen kalifornischen
Juli-Tag des Jahres 1990, mit Geschick
und Nonchalance, in perfekt synchroner
Kolonne, und nähern uns dem
Los Angeles Airport.
1-2-3
2-3-1
3-2-1.

Markus Bundi

Zurechtgestutzt

Seit du vor dem Abgrund
den Bremsweg
berechnet hast
fürchte ich
um mein Leben

Jörg Burkhard

Birken an der B 3

ES STANDEN
DREI BIRKEN
AN DER B 3
AM ENDE
DER LANGEN G
        E
        R
        A
        D
        E
        N
DIE ERSTE MACHTE DER OPEL ZU BREI
DIE ZWEITE HOLTE DER GOLF
AM ENDE
DER   L
      A
      N
      G
      E
      N
GERADEN
STAND EINE BIRKE
AN DER B 3
IST DER FORD
GEKOMMEN
HAT SIE
MITGENOMMEN
ES STEHT KEINE BIRKE
AN DER B 3
E
N
D
E
DER LANGEN GERADEN

Hellmuth Carsch

Berlin

Die Lebenslust ist frisch ertappt,
Wir haben das Verdeck entklappt,
Das Auto juchtet durch die Stadt,
Der Asphalt flieht wie Gummi glatt.

Die Bäume tanzen als Allee,
Wir fangen frischen Wind aus Lee,
Im Fenster vorn schwankt der Schofför,
Hoch aus der Nacht fließt Sternlikör.

Das Auto schrägt zur City ein.
Endlos der Bogenlampen Schein.
Bei Blüten künstlich angereiht
Entsausen wir dem Widerstreit.

Raymond Carver

Trinken beim Autofahren

Es ist August.
Seit sechs Monaten habe ich kein einziges Buch gelesen,
außer irgendeinem mit dem Titel *Der Rückzug aus Moskau*
von Caulaincourt.
Trotzdem bin ich glücklich,
daß ich mit meinem Bruder im Auto fahre
und einen Schoppen Old Crowe trinke.
Wir wollen nirgendwo hin,
wir fahren nur so rum.
Würde ich meine Augen auch nur für kurz schließen,
wäre ich verloren; und dennoch
könnte ich mich ohne weiteres neben diese Straße legen
und bis in alle Ewigkeit schlafen.
Mein Bruder pufft mich in die Seite
Binnen kurzem wird was geschehen.

Wanda Coleman

ich lebe für mein auto

komm nicht davon los. leben heißt fahren. dass es einwandfrei und
reibungslos funktioniert. morgens aufstehen und den motor starten
ich bete zum mechaniker, dass heizung und klimaanlage wieder laufen
wenn ich leute von früher treffe, bin ich immer froh, sie zu sehen, bis mir
einfällt, mit was ich da rumfahre und befürchte, sie könnten rausgehen, mich
in diese blechbüchse steigen sehen und tief, lang und lauthals lachen

mittlerweile halte ich meinen wagen am laufen wie ein profi. Ich bin
stammkundin bei tankstellen und autowerkstätten und habe deshalb auch
keinen mantel zum anziehen oder hübsche kleider oder genug geld, um jeden
monat meine miete zu bezahlen. ich hasse es, wenn mein auto dreckig ist. ich
wasche es jeden samstagmorgen und habe ihm eine neue stoßstange und eine
lackierung versprochen. zum glück konnte ich dieses jahr die zulassung
bezahlen

ich träume, mein auto würde sich in ein schickes cabrio verwandeln
und fahre vergnügt hinter meiner sonnenbrille, der wüstenwind
küsst mein gesicht und neben mir mein mann. wir lächeln und sind
verdammt attraktiv. manchmal werden träume zu alpträumen
ich schlittere auf eine kreuzung zu, die kinder auf dem rücksitz kreischen
»mama!« und ich trete auf die bremse. das pedal berührt den Boden

in meiner phantasie überfahre ich mit meinen auto häufig menschen, die
mir zuwider sind

mein auto ist absolut unentbehrlich in dieser stadt der autos, denn hier lernt
man die menschen am besten dadurch kennen, wie sie auf dem freeway
manövrieren,
die fahrspur wechseln oder eine ausfahrt nehmen. ich habe mir vorgenommen,
eines

tages einen luxusschlitten zu besitzen. das wäre was, was ich meinen Kindern
vererben könnte. bis dahin kümmere ich mich um zündkerzen und
radmuttern,
damit das, was ich besitze, fahrtüchtig bleibt. dafür lebe ich. komm nicht
davon los.

fahren heißt leben

Heinrich Dachs

Der Dieselmotor

Des Dieselmotors Kolbenherz schlägt hell wie meins,
und um ihn fließen ölgetränkte Silberbänder.
Sein Stahlhaupt glänzt im Widerspiel des Morgenscheins,
dahinter locken buntgefärbte Wunderländer.

Gewohnte Hände haben Wochen dran gebaut.
Auf einmal hüpfen schlanke Hebel auf Ventilen
wie Finger eines, der erst lange zögernd schaut,
um dann, auf dem Klavier, zum Tanze aufzuspielen.

Oft weiß ich nicht, ist's nun ein Motor? Ist's ein Pferd?
Des Flanke bebt, des Füße stampfen vor dem Rennen?
Bin ich sein Reiter, dessen Blick – in sich gekehrt –
erstarrt vor Zielen, die wie Flammen nächtens brennen?

Ein Motor treibt des Sehnens lichtverlangend Schiff!
Ich fahr hinaus, ein Suchender auf neuen Meeren,
und werden Inseln, nahe, auch zum Tränen-Riff,
und fuhr auch mancher, ohne je zurückzukehren.

Das Schwungrad kreist. Die zähen Wünsche kreisen mit.
Sie jagen wie Planeten durch die Lichtgefälle.
In Gischt und Strudel schwindet, was der Mensch erlitt –
Das Leben kreist, und wir sind leicht wie Kinderbälle.

F. C. Delius

Lieder eines fahrenden Gesellen

An den Autos das Blech wird immer heller
die billigen Farben leuchten das Land aus
An allen Kreuzungen südlich von Wolfsburg
Warten die neuesten Volkswagen ungeduldig
Auf den Tod Hier will ich nicht
Geboren sein

Wir fahren Im Radio Lieder
Von Mahler Nach Braunschweig
15 Kilometer Lieder eines fahrenden Gesellen
Im Radio Sopran Ging heut morgen übers Feld
Aus Braunschweig warum nicht aus Braunschweig
Kam der Beamte der das Hakenkreuz
In meine Geburtsurkunde stempelte

Lieder eines Mannes aus Böhmen vor 90 Jahren
Geschrieben drängen auf elektromagnetischen
Schwingungen mit Lichtgeschwindigkeit auf diesen
Lautsprecher in unsere nackten Ohren
Fahren fahren übers Feld
In diesen Minuten
Mitte der Welt

Laß das Fenster zu Ich will es nicht hören
Das Getöse der Taschenrechner Nicht sehen
Die Fassaden schamlos hinter Passanten mit der
Sehnsucht nach der blauen Schönheit der
Hundertmarkscheine Hier will ich nicht
Leben Wir fahren fahren Wir mit kindlichen
Stimmen jagen der Welt hinterher

Hugo Dittberner

Ode an vorbeifahrende Frauen

Frauen, die in ihren Autos vorbeifahren,
allein neben ihren Handtaschen, auf Land-
straßen, mittags und abends, auf Hin- und
Rückwegen, zu Kindern, von Freundinnen, durch
stille, vollgeparkte Vorstadtstraßen; allein
im dunkel blitzenden Chrom, umgeben von leeren
Polstern; vom Sonnenlicht getroffen und hin-
getupft vor grünende Chausseebäume, allein im
aufgeknöpften Trenchcoat, das Haar im Wind, der herein-
greift ins Auto, eine herrische Hand; O Frauen,
O Wogen aus reinem Blau, empfangen am Straßen-
rand, O Niederknien vor einer hastigen
Liebschaft, aufleuchtendes Gesicht, verhaltener
Schritt, Aufprall süßer Verlorenheit, Nachschmecken
von Kaffee und Zigaretten: O Wunder Rachen über
wundem Herzen, Nase, die keine Heimat hat im Gesicht
eines andern.

Beat Eberle

Sonntagabendsonnenuntergangsautofahrt

Verstreute Bauernhäuser, Hochleistungsmasten und
Eisenbahndrähte
Eiserne Gebüsche
Dörfer des Mittellandes, umstellt von Betonmiets-
kasernen
mit säuberlich gemähten Rasen
Tags Kinderlärm auf dem Asphalt von Betonmauer
zu Betonmauer
Göhner baute auch hier
Kinderzimmer mit sarggroßem Spielraum.
Lärm am Himmel
Irgendwo die Einflugschneise zum Flughafen Kloten
Stoplichter
Eine Holzbrücke über einen unbenannten Fluß
Kein Vortritt!
Wolkenkratzer am Rande der Stadt, verstreute
Silhouetten
Geisterhände zu den Cirruswolken
Unstete, stinkende Kolonnen kommen vollbeladen
vom Gotthard
Scheinwerferlicht, Wälder und Flüsse
Wieder Städte, wieder Dörfer, planlos zwischen
Hügeln
Die Säulen des Wohnblocks
Das Garagentor, das sich automatisch öffnet
Ein Druck auf den Knopf im Lift
Licht andrehen, Fernseher andrehen, Tonbandgerät
andrehen
abschalten
...

Serge Ehrensperger

Der Jaguar

Einst fuhr ich einen Jaguar.
Er biß mich zwar in jeder Kurve
um ein Haar. Er schlurfte
wie ein Greis, wie eine Geiß den
Berg hinunter und munter wieder hoch.

Er roch nach angekautem Holz.
Er war mein Stolz. Er war aus Eisen.
Ich mußte ihn einweisen in eine
Jaguaranstalt. Ich konnte ihn nicht
mehr auslösen. Ich saß im Dösen und

in Hosen umgekrempelt. Ich fühlte mich
angerempelt von diesem Jaguar. Was
war geschehn? Betrogen und belogen
verzichtete ich auf einen Tritt in
seine Lenden. Ich sah ihn wenden, er

fauchte mich aus einer Lefze an und
fuhr mit einem Knall in die Garage.
Das Tor ging zu. Ich hörte ihn noch
schreien: Ich bin kein Jaguar, doch
seine Frau. Ich schau auf Stil.

Ich fahre nur, wenn man mich
respektiert. Ich bin lackiert. Ich
bin frisiert. Ich bin kein Mann
für jede Brillantine. Ich bin
die große Jaguarine.

Lion Feuchtwanger

Ein älterer Mann im Ford-Wagen spricht

Angenehm ist es, im Ford-Wagen durch die Landschaft fahren;
aber was mich anlangt, soll es kein wildes Rennen sein.
Die Plakate zu beiden Seiten, Schreibmaschinen, Seifen, Schoko-
ladenwaren,
sollen noch immer deutlich zu erkennen sein.

Viele freilich können das nicht vertragen.
Selbstbewußtsein wird ihnen nur durch Geschwindigkeit
geschenkt.
Sie fühlen sich Sieger im schnelleren Bahnzugswagen;
wird ihr Zug überholt, fühlen sie sich persönlich gekränkt.

Das Auto gar ist ihnen lediglich Geschwindigkeitsmesser,
auf daß ihr Lebens- und persönliches Wertgefühl sehr tief sei.
Und doch hat Albert Einstein, ein deutscher Professor,
einwandfrei festgestellt, daß alles in dieser Welt relativ sei.

Gewiß ist: und fährst du mit dem schnellsten Rekordwagen,
dein Schatten fährt mit der gleichen Geschwindigkeit.
Und läßt du vom fossilsten Modell dich schlagen,
zum jüngsten Gericht, mein Junge, kommst du immer noch zur
rechten Zeit.

Lion Feuchtwanger

Der jüngere Mann im Ford-Wagen antwortet

Sagen Sie nicht, daß es mir an Selbstbewußtsein fehle.
Auch ohne Auto, finde ich, bin ich ein erstklassiger Jung.
Aber die Geschwindigkeit massiert mir die Seele
und gibt mir einen gewissen alkoholischen Schwung.

Was meinen Schatten anlangt, so ist er so flott wie ehrlich
und denkt bestimmt nicht an unlautere Konkurrenz.
Wären alle Geschäftspartner so wenig gefährlich,
meine Dachziegelfabrik wäre ein ewiger Lenz.

Und wenn beim Jüngsten Gericht Gott reklamierte:
»Sie haben durch zu schnelles Fahren zu Tode gebracht
von den Geschöpfen, die ich fabrizierte,
68 Hühner, 3 Hunde, 1 alte Frau, eines Niggers gar nicht gedacht«,

dann erwiderte ich: »Erstens, werter Herr, bezahlte ich dafür
                                                                                bereits in bar;
denn mit der Polizei ging es mir leider fast regelmäßig schief.
Und dann: wenn vom kirchlichen Standpunkt aus
das Schnellfahren vielleicht nicht ganz in Ordnung war,
jedenfalls lebte ich dabei angenehm intensiv.«

Wolfgang Fienhold

kompression

scheibenblau getönte landschaft,
das senken des schnallensilbernen
in das tief der maschine.
dies fliegt vorbei, das fliegt vorbei.
gürtelreifen denken nicht an die
formel von geschwindigkeit und masse.
serpentinenstraßen, haarnadelkurven,
der weg nach unten, hart am abgrund,
tiefer und tiefer.
auf der kurzen geraden
ein hastiger zug an der zigarette.
immer süßer wird das kribbeln.
die letzte kurve, zu knapp genommen.
schlingern, schöner schmerz, die
adhäsion ist ausgezeichnet,
der wagen ist schwer, letztes modell.
gegenlenken, es schaffen, es war teuer.
nur noch einmal genießen.

Michael Fruth

An dich zu Hause

Im Fließbandauto
auf dem Autofließband.
Ich sitze und jemand zieht
von hinten an der Landschaft.
Wer nur? Wer wohl!
VATER STAAT und sein
BIG BROTHER bringen nun
JOHN LENNON mit seinem Hit
A WORKING CLASS HERO IS SOMETHING TO BE …
Ein leiser Zweifel
an der Wirksamkeit von Kunst
fällt rücklings über mich her
als alter Bekannter hält er mir
(ein schlechter Scherz zur
falschen Zeit das paßt zu ihm!)
die Augen zu und dann die Ohren
bis vor der nächsten Ampel
aus dem nächsten Seitenfenster
der Soundtrack sich verdoppelt
bis in dem roten Kreis
auf den ich starre
ein Bild erkennbar wird
von jemand der auf dem Boden
hockt sich in den Hüften wiegt
mit Armen Schultern Händen tanzt
wie du vorhin bevor ich wegfuhr
ich weiß daß du dasselbe hörst
und tue nichts dagegen daß mir
alles wieder zum Gedicht gerinnt
von mir an dich für alle

die nicht wissen wohin
wie du und ich und doch
nicht bleiben wollen.

Michael Fruth

Asphaltflucht

Heute bin ich wiedermal
so weit gefahren wie
der Tank mich trug
und diesmal
war das Zufallsspiel
das ich mir sonntags manchmal leiste
sogar von internationaler Politik
bestimmt: die Zapfsäulen hatten zu.
Schließlich hielt einer der sagte er sei
der Vetter vom Tankwart
im nächsten Dorf.
In einer Waldkurve die stark
nach Unfalltoten roch
stieg eine Frau mit Haube zu
die ihren Beruf als Krankenschwester
angab was ihn so beruhigte daß
er uns aufgeräumt Funktion und Sinn
des Sauerstoffgerätes neben ihm
erklärte: wenn ihn bei 100 mal
der Teufel holen will
wird er ein bißchen
mit ihm kämpfen.
Das feine Geäst aus roten Äderchen
das seinen Nacken überzog als
Zeichen dreier Herzinfarkte
begann zu leuchten
die Erste Hilfe neben ihm
gab seinem Fahrstil
jugendlichen Schwung er
lenkte mit dem Knie

entkorkte eine Flasche Rotwein
und nötigte noch vor dem ersten Schluck
zwei alte Landfahrer
den Hintersitz mit mir zu teilen
wovon der eine allerdings
die Feierstimmung dämpfte
mit folgendem befremdlichen Bericht:
auf einer Autobahn in Norddeutschland
verbirgt sich angeblich
nur wenigen bekannt
ein Ort wo man
wenn man beherzt genug
den Grünstreifen ansteuert
erlebt wie rechts und links die
Fahrbahnen schnell brüchig werden
bald von Gras und Büschen überwuchert
sind bis zur Unkenntlichkeit während
in der Mitte sich ein schmaler
Schotterweg entwickelt welcher
an waldigen Hängen entlang
aufwärts führt bis dann
drei schlanke Birken
ihn versperren.
Als er erklären wollte
warum der mittlere Baum nun
zu erklimmen sei gab es
Unruhe auf den Vordersitzen
man begann ein lautes Gespräch
über Arteriosklerose das erst
der Tankwart mit einem Wink
aus seinem Gartenzwergfürstentum
unterbrach.

Michael Fruth

Inselschiff (vor Bangalore/Karnataka)

Die Silhouetten dort vorn,
asphaltgrau und ruhend

am Rand des Chaos der Blechblitze,
rasenden Reifen und Fanfaren.

Wir hier stehen,
rollen näher, stehen,

Dort sitzen Gestalten
auf ihrer Fußgängerinsel

zwischen den zwei Fließbändern
aus Lastern und Lärm.

Der Mann geht manchmal
langsam mit offner Hand

zu einem Wagen vor uns,
der neben ihm zum Stehen kommt.

Die Frau schaut über den Kopf der Tochter und über
das Bündel am Boden, das sich zu bewegen beginnt,

ein kleiner Kopf zeigt sich kurz
und verschwindet unter der Decke

im spitzen Bug der Insel, die
versunken daliegt wie ein Urzeitboot,

das Kind und seine Decke werden breit
und lang und tanzen blinden *Contact Dance*

mit ihrem Kopfsteinpflaster
von Randstein zu Randstein

wabert das Gebilde in
wilden Gebärden hin und her

und im Vorbeifahren an drei
leeren Gesichtern sehen wir,

wie das tanzende Etwas auf die Fahrbahn
gegenüber gerät in den freien Sekunden zwischen

flüchtendem Hinterrad
und jagendem Vorderrad.

Robert Gernhardt

Auto und Baum

An einem
Deux Chevaux
Ecke Grünburgweg/Reuterweg
las ich im
Vorübergehen
die Worte:
Leben
so einsam und frei
wie ein Baum
und so
brüderlich wie ein Wald. Sie waren
mit Filzstift
auf das Auto
geschrieben worden. Vermutlich
vom Besitzer.
Lange
    gingen
        mir
            diese
                Zeilen
                    nach.
Erst Ecke Grünburgweg/Eschers-
heimer Landstraße gelang es mir
                  sie
              wie
          der
        ab
      zu
    schüt
  teln.

Allen Ginsberg

Das grüne Automobil

Hätte ich ein Grünes Automobil,
  würde ich meinen alten Kumpel aufsuchen
  in seinem Haus am Meer im Westen.
    Ha! Ha! Ha! Ha! Ha!

Ich hupte scharf vor seinem männlichen Tor,
  drin räkeln sich seine Frau
  und drei Kinder nackt
    auf dem Wohnzimmerboden.

Er käme rausgerannt
  zu meiner Karre mit heroischem Bier
  um schreiend ans Steuer zu springen,
    denn er ist der bessere Fahrer.

Wir pilgerten zum höchsten Punkt
  unserer früheren Rocky Mountains-Visionen,
  lachend einander umarmend,
    Freude übersteigt die höchsten Rockies.

und nach alter Agonie, trunken von neuen Jahren,
  preschen wir zu auf den Schneehorizont,
  knallt echter Bepop aus dem Autoradio,
    heißes Rennen im Gebirge

ballern wir die wolkige Straße rauf,
  wo Engel der Angst
  durch die Bäume taumeln
    und aus der Maschine schreien.

Wir brennen die ganze Nacht auf dem Kieferngipfel,
   sichtbar von Denver im Sonnendunkel,
   waldgleiches unnatürliches Strahlen
     erleuchtet die Spitze des Berges:

Kindheit Jugend Alter & Ewigkeit
   öffneten sich wie süße Bäume
   in den Nächten eines neuen Frühlings
   und bannen uns mit Liebe,

denn wir können zusammen
   die Schönheit der Seelen sehen
   verborgen wie Diamanten
     in dem Uhrwerk der Welt,

wie chinesische Zauberer können wir
   die Unsterblichen verwirren
   mit unserer Intellektualität
     verborgen im Dunst,

in dem Grünen Automobil,
   das ich erfunden habe
   ausgemalt und geschaut
     auf den Straßen der Welt

wirklicher als die Maschine
   auf eine Strecke in der Wüste
   reiner als der Greyhound-Bus und
     schneller als ein Düsenflugzeug.

Denver! Denver! wir kommen zurück
   brausen über die City & County-Haus-Wiese
   sie fängt die reine Smaragdflamme
     die im Sog unseres Autos verströmt.

Diesmal kaufen wir die Stadt auf!
Ich hab einen großen Scheck eingelöst in meiner Kopf-Bank
um ein wunderbares College des Körpers zu gründen
auf dem Busbahnhofsdach.

Aber erst grasen wir alles ab in der Stadt,
Pool-Salon Absteige Jazzclub Knast
Bordell auf der Folsom
zu den dunkelsten Gassen von Larimer

und erweisen Denvers Vater die Ehre
verirrt auf den Eisenbahngleisen,
Stupor aus Wein und Schweigen
heiligen das Dreckloch seiner Jahrzehnte,

grüßen ihn und seinen heiligen Koffer
mit dunklem Muskateller, trinken
und zerschmeißen die süßen Flaschen
an Dieseln in Ergebenheit.

Dann fahrn wir betrunken über Boulevards,
wo Armeen marschieren und immer noch taumelnd
paradieren unter dem unsichtbaren
Banner der Wirklichkeit –

wirbeln durch die Straße
in dem Auto unseres Geschicks
teilen wir eine Erzengel-Zigarette
und sagen uns die Zukunft voraus:

den Ruhm übernatürlicher Erleuchtung,
öde Regenlöcher der Zeit,
große Kunst erlernt in Trostlosigkeit,
dann treiben wir auseinander nach sechs Jahrzehnten …

und auf einer Asphaltkreuzung
   begegnen wir einander noch einmal
   in hoheitsvoller Sanftheit, erinnern uns
      berühmter Totengespräche anderer Städte.

Die Windschutzscheibe voller Tränen,
   Regen näßt uns die nackte Brust,
   wir knien zusammen im Schatten
      im Verkehr der Nacht im Paradies

und erneuern nun den einsamen Schwur,
   den wir einander abnahmen
   in Texas, einst:
      kann ich hier nicht niederschreiben...
      ......
      ......

Wie viele Sonnabendnächte werden noch
   durch diese Legende betrunken gemacht?
   Wie wird das junge Denver einst trauern
      um seinen vergessenen sexuellen Engel?

Wie viele Jungs werden das schwarze Klavier anschlagen
   so den Exzeß eines einheimischen Heiligen nachahmen?
   Oder Mädchen lüstern seiner Erscheinung verfallen
      in den Oberschulen der melancholischen Nacht?

Während der ganzen Zeit in Ewigkeit
   im fahlen Schein des Radios dieses Gedichts
   werden wir hinter vergessenen Rollos sitzen
      dem verlorenen Jazz aller Sonnabende lauschen.

Neal, jetzt werden wir echte Helden sein
   in einem Krieg unserer Schwänze mit der Zeit:
   wir wollen die Engel sein für das Verlangen der Welt
      und mit der Welt ins Bett gehen eh wir sterben.

Allein schlafen oder mit Kumpanen,
 Mädchen oder Tunte Schaf oder Traum,
 mich schafft der Liebesmangel, dich ihr Überfluß:
 alle Menschen fallen, unsere Väter fielen zuvor,

doch die Auferstehung des verlorenen Fleischs
 ist bloß Minutenarbeit für den Geist:
 der Liebe ein zeitloses Monument
 in der Imagination:

ein Denkmal erbaut aus unseren eigenen Körpern
 verzehrt vom unsichtbaren Gedicht –
 Wir schaudern in Denver und verharren,
 obwohl Blut und Runzeln unsre Augen blenden.

Nun dies Grüne Automobil:
 Ich geb dir im Fluge
 ein Geschenk, ein Geschenk
 aus meiner Imagination.

So wolln wir fahren
 über die Rockies,
 so fahren wir weiter
 die ganze Nacht bis es tagt,

dann zurück zu deiner Eisenbahn, der SP,
 deinem Haus, deinen Kindern
 zum gebrochenen Bein-Schicksal
 fährst du die Ebenen hinab

am Morgen: zurück
 zu meinen Visionen, meinem Büro
 zu meiner Wohnung im Osten
 fahr ich dann nach New York.

Jürgen Glocker

Die Zeiten ändern sich?

(Erinnerung an B. B.)

Der schwarze Saab unter Palmen am Meer.
Aus dem Fenster kräuselt Rauch.
Fehlte er
Wie sinnlos dann wären
Saab, Palmen und Meer.

George A. Goldschlag

City

Lichtbänder zucken über Häuserschächten.
Steile Fassadenfronten stehen stramm.
Rolltreppen schaufeln Menschen aus den Nächten
Der Untergrundbahn auf den Straßendamm.

Geschrei. Geklingel. Hupen und Sirenen.
Schaufenster. Banken, Warenhäuser. Bars.
Haushoch und lächelnd mit entblößten Zähnen
Das Riesenbrustbild eines Kinostars.

Zigarrenhandlungen. Cafés mit Diele.
Bei Bogenlampen Straßenübergang.
In weiter Schlangenflucht Automobile,
sechsfache Reihen, unabsehbar lang.

General Motors – Daimler – Horch – Mercedes –
Studebaker – Chrysler – Opel – Fiat – Ford –
In seinen Flanken zitternd lauert jedes
Auf freie Fahrt und neuen Rennrekord.

Das Licht ist rot. Fußgängervölker wandern
Quer durch die Wagenfront in gleichem Trott.
Der Sipo trennt die einen von den andern
Nur mit der Geste, wie ein alter Gott.

Von der Gewalt der Flut steht eingekesselt
Allein sein Umriß ragend im Orkan.
Das Licht wird grün. Ein Chaos wird entfesselt.
Bewegung stürzt sich in die offne Bahn.

Im Rhythmus wechselnd hämmert die Mechanik.
Gewühl und Stillstand. Rast und Raserei.
Gehemmtes Warten. Atemlose Panik.
Die Bahn versperrt sich. Und die Bahn wird frei.

Die Ampeln flammen mystisch-unergründlich.
Auf »Halt« folgt »Durchfahrt« und auf »Durchfahrt« »Halt«.
An jeder Straßenecke sausen stündlich
Zehntausend Autos über den Asphalt.

Am Dachsims klettern unaufhörlich sinnlos
Die Lichtreklamen für Konfekt und Sekt.
Hier streut das Schicksal Nieten und Gewinnlos.
Hier wird gelebt, genossen und verreckt.

O Stadt der Pferdekräfte und der Kabel,
Voll Not und Reichtum, Hunger und Geschlemm – –
Ich nenne dich bei deinem Namen, Babel!
Sodom, Gomorrha – und Jerusalem!

Iwan Goll

Die Automammuts

Gischt der Menschen spritzt über die Dämme,
Gischt der Bogenlampen stäubt von den Häusern,
Und es schäumt
Der Boulevard
Wie die Milchstraße
Weiß durch die Stadt

Leblos gipfeln die Häuser über solcher Schlucht,
Bergen Keller, in denen die Sommer der Provence ruhn,
Bergen Betten mit tropfendem Goldgestirn.
Bergen Särge und fahle Kerzenwachen:
Leblos starrt ihre Stirn
Wie kalter Firn
Über rauschendem Tal.

Aber manchmal
Erzittert ihr Beton bis ins Eisen,
Und es erschrecken die Menschen auf der Straße,
Wenn brüllend aus Hochbahntunneln
Herden von Autobussen
Nähertaumeln,
Wie alte Mammuts,
Den Museen entsprungen…

Und eine Sekunde
Zittert die Großstadt
Vor dieser Urwelt.

Michael Gorlin

Der rasende Schofför

Für D. Mirajew

Er wußte schon nicht mehr wohin – Gebäude flogen vorbei,
Plätze und Gärten rannten ins blaue Dunkel zurück.
Vorbei an Theatern, Fabriken, an Feldern und Städten vorbei...
Immer nur vorwärts! Immer nur schneller!
Er vergaß, daß es Plätze gibt, Landkarten, Grenzen,
Daß unter ihm die Erde und ringsum schon Nacht.
Die Milchstraße – ein Torbogen, um darunter zu jagen.
Die Sterne – Signale am großen Weg.
Vorwärts, durch Berge, Nebel und Fernen,
Jenen Strich zu durchqueren, die Grenze der Welt!
Mit ihm um die Wette liefen die Meere, rannte der Himmel,
Landstraße oder Wolke wand sich unter dem hurtig knisternden
Rad.
Vorwärts! und bald ist die Welt übersprungen,
Und weit aufgetan ist der selige Raum.
Schneller! Aber nein. Die Hand wurde müde.
Schneller! Die Hand hielt das Steuer nicht mehr.
Aufblitzte der Tod im Morgen, und mit hilflos starrendem Blicke
Fiel er dumpf in der Wege Gewirr.

Dieter M. Gräf

Autotod

1

»Das Auto ist nicht tot« – Direktor Schmidt.
Es lebt:

Tankwart Tiller schwört auf den Vergaser.
Tankwart Tiller wär ein flotter Raser.
Und schwingt sein Knüppelbein gen Tante Lisas Knie.
Mit Frontantrieb auf der Autobahn,
durch die Herzen mit Stiefelschritt.
Der bringt die Kerzen mit.

Er erklärt:
»Das Ganze ist so gut wie die Summe seiner Teile.
Wenn nur eines davon nicht richtig dazugehört,
können wichtige Funktionen darunter leiden.
Wollen wir als Gemeinschaft bestehen, dann
müssen wir das Trennende überwinden.«

Das geht jetzt bleifrei.
Mit dem Einspritzer.

2

Auch der Einspritzer lebt und will was sagen:

»Das Ganze ist gut. Einer gehört nicht richtig
dazu? Da geht mir aber der Tank auf. Oder ich
fahr ins Grüne und zeig ihm meinen Grill. Wir
knutschen ein bißchen und wenn der Knüppel hart
ist, geht's gleich in die Kurve. Wenns sein muß ...«

Das Trennende ist überwunden.

Tankwart Tiller kommt zurück:
Tankwart Tiller schwört auf den Vergaser.
Tankwart Tiller wär ein flotter Raser.
Und schwingt sein Knüppelbein gen Tante Lisas Knie.

Mit Frontantrieb auf der Autobahn,
durch die Herzen mit Stiefelschritt.
Der bringt die Kerzen mit.

Ferdinand Hardekopf

Rapidität

Und voll Bewunderung für den Dichter
Warf wieder eine Keks ihm zu. –
Der zündet Rennmaschinen-Lichter
Und jagt nach der privaten Ruh'.

Es drängt den Leib, den lässig-fetten,
Ins Röhrenwerk des schmalen Wolfs
Und gibt sich der rekord-koketten
Spazierfahrt längs der Wonne-Golfs.

Nie war ein letzter Spurt gewürzter,
Nie flog die Disziplin so jach,
Nie war die Renn-Kritik bestürzter,
und süßer nah war nie ein Krach.

Es puffen aus dem Zisch-Ventile
Parfums von Kriminal-Chemie,
Im Kilometerfresser-Stile
Skandiert die Gift-Maschinerie.

Dies ist der schnellste Höllenwagen,
Der schlingernd über Firmen fliegt,
Torpedo-Fisch mit Buffo-Fragen,
Den fernsten Graden angeschmiegt.

Am Mix-Benzin freun sich die Sterne,
Die Welt ist voll vom feinsten Schnaps,
Ein Sirup-Tank, Absinth-Zisterne;
Nun geht's durch süßen Felder-Raps.

Und wie er ihn mit Lust beflügelt,
So stoppt der Dichter seinen Blitz,
Entsteigt, die Hosen sehr gebügelt,
Dem eleganten Pneuma-Witz.

Bald lächelt er im Bistro-Reiche,
Blaß-kompliziert, in dunkler Box,
Erstaunt gebraucht er viele weiche
›Algériennes‹ und viele Grogs.

Vor seinem Gott wirft er sich nieder,
der diesen Hetz-Reiz ihm geschenkt,
In halb schon kondensierte Lieder
Den Stampf-Rausch dieses Runs gelenkt.

DER faltet ruhig seine Rippen – :
Sieht ein Paar Hosen in Berlin,
Die, unter schminkgewohnten Lippen,
Sich inniger zusammenziehn.

Harald Hartung

Dem schnelleren Fahrer

zum 10. Geburtstag

Unsere Gespräche bei Hamburger
oder Pizza: kaufst du einen Porsche
kauf ich mir einen Mercedes, wetten
wer schneller ist? Wart noch ein wenig erst
schenk ich dir *Alle Rennstrecken der Welt*
Du fährst sie mit dem Finger nach und fährst
wie Niki Lauda (nur vorsichtiger)
fährst mir davon
            ich glaub es dir jetzt schon

Raoul Hausmann

Seelen-Automobil

Solao Solaan Alamt
lanee leneao amamb
ambi ambée enebemp
enepao kalapoo senou
seneakpooo sanakoumt
saddabt kadou koorou
korrokoum oumkpaal
lapidadkal adathoum
adaneop ealop noamth.

Seamus Heaney

Nachtfahrt

Die Düfte der Alltäglichkeit
Waren neu auf der Nachtfahrt durch Frankreich:
Regen und Heu und Waldgeruch
Machten im offnen Auto warmen Durchzug.

Schilder erblaßten unerbittlich.
Abbéville, Beauvais, Chambly
Wurden verheißen, verheißen, sie kamen
Und gingen: Jeder Ort erfüllte seinen Namen.

Ein Mähdrescher stöhnte des Wegs verspätet,
Blutete eine Körnerspur, entlastet.
Ein Waldbrand schwelte noch.
Kleine Cafés schlossen nach und nach.

Ich dachte unentwegt an dich
Eintausend Meilen südlich, wo Italien sich
Bäuchlings an Frankreich schmiegt in Dunkelheit.
Sie wurde neu dort, deine Alltäglichkeit.

Hermann Hesse

Im Auto über den Julier

Stein-Öde, Trümmerfelder tot,
Dünnfarbige Algen grün, grau, rot,
Felsgipfel steil ins Graue drängend,
Gewölk die Grate überhängend,
Kaltfeindlich scharf der mürrische Wind,
Moorwasserlachen stumm und blind,
An bleichen Wänden frische Wunden
Blutbraun und schorfig, felsgeschunden.
Müd aber streng und scharf geschnitten
Zieht lang der Straße Band inmitten
Einst Heer- und Pilgerweg, und jetzt
Von schnurrenden Maschinen abgewetzt
Mit Menschen drin, die alles hätten,
Sich aus dem Lärm ins Sommerglück zu retten,
Nur keine Zeit, nur keine Zeit.
Wir hasten mit, es ist noch weit
Bis Bivio, bis Chur, Paris, Berlin.
Wir hasten auf der hageren Straße hin,
Wir sehen grat-entlang die Wolken ziehn.
Das Steingeröll mit blinden Wasserlachen;
Die graue Kühle will uns schauern machen,
Doch die Maschine reißt uns ohne Gnade
Hinan, hinab, hinweg. Heroisch hart
Ins Grau empor die steile Steinwelt starrt.
Wir fliehen, fliehen, und wir fühlen: ›schade ...‹

Dieter Hoffmann

In Oberhessen

Weiden Schafe
auf dem Autofriedhof?

Oder hat man Autos
auf der Weide abgestellt,
zu rosten?

Die Alten wußten schon:
Tod ist auch in Arkadien.

Lammfelle
hat man von den Sitzen
ausgeräumt.

Die weiße Wolle
wärmt das graue Blech
nicht mehr.

Das Blöken aber
ist Musik.
Motoren schweigen.

Otto Jägersberg

Nach Karlsruhe nur ein Katzensprung

Manchmal sind wir so leer so verzweifelt
daß wir gar nicht anders können
und nach Karlsruhe fahren
Peng über die Autobahn.

Wenn wir in Karlsruhe sind
suchen wir einen Parkplatz
Manchmal dauert es wie in einer Großstadt
mit dem Parkplatzsuchen

Wir gehen über die Kaiserstraße
einmal links einmal rechts die Kaiserstraße
Kaufhaus Schneider, Tschibo, Eduscho und Woolworth
Immer reden wir davon
einen dieser zeitlosen Anzüge
bei Woolworth zu kaufen
aber es bleibt immer bei Socken
Unterhosen und Haarwaschmittel

Wir trinken einen Tschibo und manchmal
einen Eduscho in Karlsruhe
Zurück über die Autobahn
kontrollieren wir den Stand
der Erweiterungsarbeiten
Bald können wir endlich dreispurig
nach Karlsruhe fahren

Otto Jägersberg

Mädchen meiner Jugend

Die Mädchen meiner Jugend
waren Benzin
Benzin in weißen Autos

Die Mädchen meiner Jugend kochten
in dem Topf zwischen ihren Schenkeln
Spezialitäten

O wie sie gingen
Die Augen immer auf dem Sprung
nach Zutaten

Mich ließen Sie nur
probieren
        Hier probier
Immer nur probieren
        Du darfst auch mal
        bitte
Nie genug

Ich sah die Mädchen meiner Jugend
in die Polster roter Autos stürzen
Männer hoben sie von meiner Erde
auf die Hocker der Milchbars
Männer mit breiten Krawatten
nahmen meine Mädchen aus der Tanzstunde
        Wartet nur
rief ich bitter
        meine Stunde kommt noch

Ich sah die Mädchen meiner Jugend
Bräute werden in den schwarzen Autos
Ich sah die Bräute Mütter werden
und von den Männern keine Spur

Heute im weißen Auto
mit den roten Polstern
mach ich ihre Bewegungen nach
Allzeit bereit

Otto Jägersberg

Mädchen aus Lörrach

Vorne war der Sitz raus
wegen des Silbersacks
mußte sie hinten rein
Margarete

Drogerielehrling in Lörrach
möchte Photographin werden
Aber keine Kinder- und Hochzeitsphotos
Reportagen über Beatgruppen und so

Wegen der kurzen Röcke
Ärger mit dem Vater
gegen lange Mäntel
war er auch

Ihr Motor klirrt
als wollte er zerspringen
Das ist das Silber Margarete
es springt vor Freude

Schönes Bild im Rückspiegel
Sechzehn vielleicht
Meine Mutter war da schon unter der Haube
per Anhalter gabs nicht

Schön habt ihrs hier
Aber nur weil das Auto fährt
                    fährt
                        fährt

Ich ersticke in Lörrach
hier passiert nie was
verdammt noch mal
wann passiert hier
endlich mal was

…

Tschüs
Alles Gute Margarete

Vor der Autobahn
stoppt mich Polizei

Doch nicht volljährig
das Luder
hatte ihre Tasche liegenlassen

Seltsamer Vordersitz
dürfen wir mal?

Im Schwarzwald steht ein Ofen
unter Dampf
Zweitausend pro Sack
bei dem Silberpreis
Dem Geld ist über jeden Zweifel
dieser Handel recht

Aber das erzähl mal
Verkehrspolizisten

Hanns Johst

Motor

Ein paar Dörfer sind aufgeschreckt
und ein paar kleine Städte hat der Motor geweckt.

Die Leute haben vor den Türen gesessen,
die weißen Hände im dunklen Schoß,
und haben uns ein Stück
um das schnelle Glück
unsrer hämmernden Heimatlosigkeit beneidet.
Haben sich hinter uns, von den Stufen
vor den Türen, ein paar Worte zugerufen
und sind dann wieder still
ihrer bodenständigen Abendmüdigkeit verfallen.

Noch einmal sind sie vor unserer Sirene zusammengezuckt;
dann hat uns der schwarze Wald verschluckt.

Wir hinter sausenden Scheinwerferfetzen
tollen und donnern in zuckenden Sätzen…

Hanns Johst

Heiße Fahrt

Sein heißes Lied schreit donnernd der Motor.
Bacchantisch rasen Bäume uns entgegen
und immer toller tanzt der steile Chor
dicht neben blassen, atemlosen Wegen.

Die bunten Dörfer fallen still und satt
dem Abend willig in den schwarzen Schoß.
Die letzten Häuser hasten weiß und glatt
an unsrer Seite, werden riesengroß

und fallen hinter uns geduckt zusammen.
Verhängte Welten Hupenruf durchdröhnt
und wegwärts sausen tiefe, weiße Flammen,
indes der Gleichklang wilder Kolben stöhnt.

Hanns Johst

Anfahrt

Die Kurbel in die Faust und angeworfen!
Schwer springen die Kolben.
Endlich! Der Zünder funkt.
Die Räder knirschen, schorfen,
der Wagen knarrt und unkt.

Die Wollust der Motore reißt am Steuer.
Ich werf mich in das Polster. Schalte ein.
Ein Zittern durchläuft den Leib von Eisen.
Die stechenden Kolben schlagen zur Wand
und möchten den ruhenden Wagen zerreißen,
der brüllend gehorcht meiner ehernen Hand.

Jetzt sind die dunklen Gewalten entfesselt,
und rasen wegwärts teufelstoll.
Die Kolben wüten in ihren Gängen
der Wagen glüht in Schnelligkeit
und alles ist vor Stürzen, Drängen
sausende Seligkeit...

Yaak Karsunke

Matti wechselt das rad

> Ich sitze am Straßenhang.
> Der Fahrer wechselt das Rad.
> Ich bin nicht gern, wo ich herkomme.
> Ich bin nicht gern, wo ich hinfahre.
> Warum sehe ich den Radwechsel
> Mit Ungeduld?
>
> *Bertolt Brecht*

während ich den reifen abmontiere
haut sich der chef auf die wiese, sieht dauernd rüber.
als fahrer verwartest du stunden, warum
wird er nervös, wenn er einmal
auf mich warten muß? wenn die panne
ihn zuviel zeit kostet: er
kann mir ja helfen.

Martin Kessel

Rennfahrt im Taunus

Über die Ebene dahin mit Äckern und Wiesen,
Blühend belichtet, freundlich zur Staffel gereiht,
Mittendurch, sieh zu, wie die Straßen, hin wie sie schießen,
Ferntoll hinein, Flüchtlinge hinter die Zeit;
Über die Ebene dahin, dahin ins Gelände
Reichen die schlanken, flottgemacht, sich die Hände.
Achtung, Signal! Kreuzung, Kraftmittelpunkt.
Drüberhin mit uns gejauchzt! Drüberhin mit uns gefunkt!

Kein Berg schreckt ab, komm an, ich führ Serpentinen,
Und trotzt ein Felsen quer in den Weg: sprengt auf!
Neuer Gang. Tempo. Vollbruch in die Maschinen.
Besiegt! – schwindelnd am Abhang gleitet der Lauf.
Hier atmet sich frei, und Pappeln, seitgestellt, rauschen
Höher hinaus, wo die Wolken die Sonne belauschen.
Achtung, Signal! Kreuzung, Kraftmittelpunkt.
Drüberhin mit uns gejauchzt! Drüberhin mit uns gefunkt!

Schweigsamschimmern sie da, aber sie rasen.
Drängelt gelassen ein Feld, eine Ecke sich vor,
Böschung, zitternd gependelt kurven die Straßen,
Ferne nimmt sie, taucht sie, reißt sie empor;
Durchwühlt von den Rädern, die sie hinter sich fraßen,
Schimmern sie weit, und lang tönt ihr Echo im Ohr:
Achtung, Signal! Kreuzung, Kraftmittelpunkt.
Drüberhin mit uns gejauchzt! Drüberhin mit uns gefunkt!

Sarah Kirsch

Schwarzer Tag

Die hustenden Chinesen
Hatten uns pünktlich geweckt
Das Auto stand vor dem Hotel und der Freund
Schlug den Kofferraum zu.
So ein Scheißdreck, der einzige Autoschlüssel
Steckt in der Jackentasche, die Jacke
Im zugeschmissenen Kofferraum.
Aber das Mietautogroßunternehmen
Verzweigt sich bis hierher, die Schlüsselnummer
War bekannt und wir kriegten
Gleich einen neuen Schlüssel gestanzt.
Er paßte nicht, wir besorgten
Immer im Taxi, noch einen Schlüssel
Alles umsonst, und der Code war falsch.
Jetzt konnte nur noch ein Schlosser helfen
Natürlich war Sonntag, doch endlich
Sagte einer am Telefon ja und wir holten
Uns Hamburger und Doubleburger und Kaffee;
Es war allerhand los an dem Morgen
Die Sonne schien und nette Leute
Kamen und gingen mit gekämmten Kindern
Die Girls aus der Liveshow
Sonnten sich am geöffneten Fenster
Ein piekfeiner Chevrolet vom schwarzesten Schwarz
Wir hielten ihn glatt für einen Leichenwagen
Stoppte, und unser Schlosser stieg aus.
Black is beautiful. Seine Haut
Glich der Farbe des Autos, doch er war
Nur geschickt unser Unglück zu checken
Und trug es seinem Bruder mitm Funkspruch zu.
Er legte sich teilnahmslos in den Wagen

Hörte eine murrende widersetzliche Musik
Sprang eilig auf als ein Cadillac
Noch schwärzer, noch glänzender als der Chevy
Unhörbar anhielt. Dieser Bruder
Ließ den Motor gleich laufen
Schwarz wie Ebenholz das blasierte Gesicht
Der Sonntag in eigener Person
Er trug einen breiten tiefschwarzen Hut
Einen kohlpechrabenschwarzen Anzug
Ein lilienweißes zärtliches Hemd
Einen dünnen Zigarillo im Mund
Blaßblaue Badesandalen und sprach
Kein einziges Wort. Er schritt
Rücksichtslos durch die Gaffer und alle wußten
Wer hier der Boss war. Mit zierlichem Draht
Erfühlte er geschlossener Augen das Schloß
Durchschaute es ganz, schien hinter den Lidern
Einen brauchbaren Schlüssel zu sehn
Verdeckte uns mit dem Rücken den Blick
Feilte ein bißchen über dem kohlschwarzen Stoff
Und ehe die Asche vom Zigarillo fiel
Schloß er behutsam den Kofferraum auf.
Ein gottbegnadeter Künstler. Ich wette
Daß der noch ganz andre Schlösser
Und auch im Dunkeln auftuen kann.
Wir klatschten und riefen A und O
Das gehörte sich und bezahlten
Während er schon am Steuer saß
Eine ordentliche Summe samt Sonntagszuschlag
Waren noch ganz benommen
Von diesem Schauspiel
Der Akteur warf dem Bruder
Ein paar dreckige Scheine zu
Nicht eben viel und startete durch.

74

Karin Kiwus

Kurze Versuchsanordnung

Bei einer Geschwindigkeit von etwa
60 Stundenkilometern sind
zwei Fahrzeuge soeben
frontal aufeinandergeprallt.
10 Millisekunden danach
blockieren die Gurte, 20 Millisekunden
danach spannen sie sich. Zu diesem Zeitpunkt
sind beide Wagen bereits 30 Zentimeter kürzer.
40 Millisekunden danach hat der Beckengurt
eines Fahrers maximal eine halbe Tonne
gehalten, der Schultergurt sieben Kilo-Newton.
70 Millisekunden danach sind die Karosserien
70 Zentimeter kürzer. Ein sechsjähriger,
nicht angeschnallter Junge stürzt
von der Mitte des Hintersitzes kopfüber
auf Armaturenbrett und Windschutzscheibe.
Dem Fahrer, der einen halben Meter nach
vorn gerissen wurde, fällt von hinten
seine nicht angeschnallte Frau ins Kreuz
und drückt ihn mit dem Zwanzigfachen ihres
Körpergewichts in seinen ausgespannten Gurt.
Sein Schulterblatt links und ein paar
Rippen brechen. In der 80. Millisekunde
schießt ein Spielzeugauto von der Hutablage
und trifft mit der Wucht eines Vorschlaghammers
den Kopf des vorn rechts in einem Schalensitz
angegurteten Babys. In der 85. Millisekunde
schnellt der Kopf des Fahrers wieder zurück
und stößt mit dem nach vorn geschleuderten
Kopf seiner Frau unmittelbar zusammen.

Nach 100 Millisekunden ist alles vorbei.

Walter Kordt

Die Ballade von der Autorennbahn

Wie Panther hingeduckt in einer Reihe,
den schlanken Stahlleib angesetzt zum Sprung,
Auf den Tribünen rings Erwartungsschreie
Fanatischer Begeisterung.
Schießt, Führer und Gefährt ein einz'ger Wille,
Der Wagenhaufen los vom Start.
Brülle! Menschtier! Brülle!
Peitsche die knatternde Fahrt!

Da liegt das tausendköpf'ge Tier der Masse,
Ein Riesenungeheuer, atemlos gespannt,
Es tobt ringsum auf jeder Schauterrasse,
Der Stimmenwald verzerrt sich zur Grimasse
und drückt den Raum mit seiner Würgerhand,
Und zieht sich drohend schicksalhaft zusammen!
Und in der Fahrbahn schießt der Wagenchor
Die Kurven rund und stößt von Neuem vor,
Ein Wagen scheint den anderen zu rammen,
Und Fahrer und Tribünen fiebern im Rekord.
Ein Wagen überschlägt sich! Weiter! Fort!

Es gibt kein Halt mehr im Gerase,
Die Fahrer schwimmen uferlos im wüsten Meer,
Es keucht die Jagd hinter der Spitze her,
Und die Tribünen bersten vor Ekstase.
Es tost der Raum und johlt und fleht!
Drei Wagen liegen auf der Strecke!
Der Autozug bleibt ein Komet,
Der pfeifend die Ellipsen dreht.
Jag' nach, Kerl! Oder verrecke!

Es gibt kein Halt mehr im Gesause.
Schafft die Verwundeten vom Platz!
Gebt Vollgas! Gebt Euch keine Pause!
Ihr Fahrer seid das Wild der Hatz!
Der Ruf der Tausend ist der Jäger,
Der siedend in der Jagdlust dampft.
Der Massenschrei wird Schlingenleger,
Der sich um Eure Seelen krampft.
Und in den Kolbengängen stampft!

Es gibt kein Halten mehr! Weiter! Weiter!
Die Kolben schwitzen im Rekord.
Ihr seid des Taumels Vorderreiter!
Was schiert Euch Tod? Ihr trotzt dem Mord!
Die sechste Runde ist geschlossen,
sechs Wagen halten nur noch aus.
Spitzenreiter! Spitzenreiter!
Keinen Schweiß umsonst verschossen!
Halte aus! Bleibe voraus!

Die Jagd fegt vor wie eine Meute.
Selbst der Asphalt ist überhitzt.
Der fünfte Wagen fliegt zerstört beiseite.
Weg damit! Fahrbahn geschützt!
Im großen Taumel der Rekorde,
Was gilt da eine Explosion?
Was wiegen selbst zehn Menschenmorde?
Es geht mit jedem Schrei der Horde
Nur um des Tags Napoleon!

Das Menschentier auf den Tribünen,
Es stampft und keucht und heult und brüllt,
Daß das Gerase der Maschinen
In jäher Angst noch höher schwillt.

Und in den Schreien, in den Trubeln
Wird immer mehr ein Name laut,
Und stößt sich durch zu wildem Jubeln,
das sich zum Hosiannah staut!
Man jagt durch's Ziel! … Der Schrei verflaut…

Zehn Leichen blieben auf der Runde.
Es wird nach ihnen nicht gefragt.
Der Taumel dieser einen Stunde
Hat sie wüst in den Tod gejagt.
Der Jubel, der die Luft durchtobte,
Die wilde Gier, die sich verschrie,
Ist Rausch, der auch die Opfer lobte
In wilder Siegermelodie.
Um den Triumph der Konstrukteure starben sie!

Hannes Küpper

327 Stundenkilometer

Aufheulten tausend Pferde, genannt in Eisen und Stahl,
Von einem Hebeldruck, der sekündlich es ihnen befahl,
Und ein nervöses Zittern von tausend Pferdeflanken
Durchbebe ein Gefährt, bis die Startfahnen sanken.
Der Zyklone, Orkane, des Tornados Schnelligkeit verdämmerte,
Als Segraves Mobile mit tausend Pferdekräften singend hämmerte.

Aufkreischten wild die atmosphärischen Ungeheuer,
Segrave hielt in seinen Händen verklammert das Steuer,
Ein Tornado kroch neidisch hinter ihm her,
Doch fassen konnte er die tausend Pferde nimmermehr.
Der Zyklone, Orkane, des Tornados Schnelligkeit verdämmerte,
Als Segraves Mobile mit tausend Pferdekräften singend hämmerte.

Aufschrien tausend Menschen, als über ein weißes Band
Schwebte ein Gefährt, das Raum und Zeit überwand.
Die Zielfahnen knallten fliegend hinter ihm her.
Die Bremsen waren geschmolzen, da fuhr er ins flutende Meer.
Der Zyklone, Orkane, des Tornados Schnelligkeit verdämmerte,
Als Segraves Mobile mit tausend Pferdekräften singend hämmerte.

Es ist vollbracht, das einmal einzige Ereignis,
        denn:
Diese Fahrt bleibt ewig ohne Gleichnis,
        und
Jene, die den Rekord überbieten, morgen oder später,
        alle
Müssen rasen im Schatten von Segraves 327 Stundenkilometer.

Axel Kutsch

Ein Hirsch läuft Amok

Ein Sonntag wie dieser
kennt keine Gnade
Autos decken die Landschaft zu
Auf den Schnellstraßen
stauen sich die Blicke

Vorwärts vorwärts – jeder will
noch etwas sehen ehe die
Sonne von den Bergen rutscht
und der Abend die
Halogenaugen öffnet

Die Eifel an solchen Tagen
ein Mißverständnis aus
röhrenden Autoradios
Kodaksekunden
und Butterbrotpapier

Die Wälder ziehen
ihre Köpfe ein
Ein Hirsch läuft Amok
Clara Viebig schlägt
sich ins Unterholz.

Stan Lafleur

In Muttis Fuszraum

den arsch im chassis
den blick etwa suedwest
in muttis fuszraum treten sich
sterne & bierdosen fest

der himmel ueber dortmund
herne & wuppertal strahlt
hauptsache auffe autobahn
am rande deutschlands entlang

brutal in eine richtung fahrn
grenzen, naehte, grosztankstellen
leitplaken weisen in den tag
mit seinen gefallen und -faellen

im radio laufen wirre polkas
wir rocken das land unsrer vaeter
den bleifusz fleiszig auf vollgas
millimeter um kilometer

Lola Landau

Autolied

Im Auto, über asphaltweiße Wege
Durchstäubten wir die Flucht von vielen Meilen.
Wir sahen Häuser, Bäume, grüne Stege
Den offnen Sinnen froh entgegeneilen.

Doch ließen wir der Erde bunte Lappen,
Die Spielereien und des Lebens Fetzen
Weit hinter uns, um wie auf Zauberrappen
In Himmelsabendglut hineinzuhetzen.

Und während scheuverzückt bei jenem Rasen
Sich unsre Ängste ineinanderstürzten,
Ließ Liebe hell Drommetenstöße blasen,
Die uns der Strecke Bangigkeit verkürzten.

An des Gefährtes langsam mattem Schleichen
Hieß Leichtsinn lachend uns vorübersausen,
Und jedes Sperrnis blanker Schienenweichen
Vermochten donnernd wir zu überbrausen.

Doch halt! Dicht vor uns lenkte Tod den Wagen.
Wir hörten seinen dumpfen Motor rattern.
Sein Rad zermalmte, was ihm zugetragen.
Wie schweres Keuchen klang das dunkle Knattern.

Ein kurzes Stocken! – Nein, noch nicht verfallen!
Wir überholten Tod dich, ohne Zittern.
Und sei es, daß wir einst zusammenprallen,
So wollen wir in voller Fahrt zersplittern.

Reimar Lenz

Mercedes

Haben Sie schon mal
        im Dunkeln geküßt?
(Zur blauen Stunde) haben Sie schon mal
geküßt im Rücksitz eines frischgewaschnen
Mercedes zweihundertzwanzig S?

Oder (– im Dunkeln tun, was wir können –)
haben Sie schon mal
einen SECHSZYLINDER – VIERTAKT – REIHENMOTOR
ins Gedicht montiert?

Das ist doch alles reine Ausdruckswelt:
die BOSCH – SECHS – STEMPELPUMPE
mit START- und WARMLAUFAUTOMATIK.

Beachten Sie den Reichtum an Vokalen
bei einer ZWEIKREISÖLDRUCKBREMSE!

Schenken Sie Vertrauen dem Wagen
mit TIEFGELEGTEM DREHPUNKT und der
(Sprache im technischen Zeitalter!)
EINGELENKPENDELACHSE, – vorn:
EINZELRADAUFHÄNGUNG.
Nutzlast: 500 Kilo.

Doch Vorsicht mit der programmierten Lyrik:
sie bleibt zurück
hinter der VF 12, Amerikas
pfeilschnellem Jagdflugzeug,
der Riesenwespe mit dem zwölffachen
Rennwagentempo.

SCHADLAST:
Atomraketen.

Alfred Lichtenstein

Schwärmerei

Ach, wer doch ewig Auto fahren könnte –

Wir bohren uns durch hochgestielte Wälder.
Wir überholen Flächen, die sich endlos schienen.
Wir überfahren den Wind und überfallen die Dörfer, die flinken.
Aber verhaßt sind uns die Gerüche der langsamen Städte –

Hei, wie wir fliegen! Immer den Tod entlang...
Wie wir ihn höhnen und ihn verspotten, der uns am Leben sitzt!
Der uns die Gräben legt und alle Straßen krümmt – ha, wir
verlachen ihn!
Und die Wege, die überwundenen, vergehen vor uns –

So werden wir die ganze Welt durchauteln...
Bis wir einmal an einem heitern Abend
An einem starken Baum ein kräftiges Ende finden.

F. T. Marinetti

An das Rennautomobil

Feuriger Gott aus stählernem Geschlecht,
Automobil, das fernensüchtig
geängstigt stampft, in scharfen Zähnen das Gebiß!
Japanisch-fürchterliches Untier, schmiedefeueräugig,
mit Flammen und mit Ölen aufgenährt,
nach Horizonten gierig und nach Sternenbeute,
des Herzens teuflisches Töff-Töff befrei ich dir
und deine riesigen Pneumatiks
zum Tanze auf der Erde weißen Straßen.
Ich lasse den metallenen Zügel los und du
stürmst trunken in befreiende Unendlichkeit! ...

Bei deiner Stimme bellendem Lärm
fügt sich die sinkende Sonne deinem Schritt
und stärker wird ihr blutiges Beben
am Rand des Horizonts ...
Dort jagen sie hin im Walde – schau! ...

Daß ich in deiner Macht bin, schöner Teufel – sei's!
Über die Erde, taub trotz allen Widerhalls,
unter dem Himmel, blind trotz aller Sterne,
sporn ich mein Fieber an und mein Verlangen
mit Messerstößen in die offnen Nüstern! ...
Und immer wieder richte ich mich auf,
daß ich an meinen bebenden Hals sich schmiegen fühle
des Windes frische, flaumig-weiche Arme.

Denn es sind deine zauberhaften fernen Arme, die mich ziehn! ...
Der Wind ist deines Atems zehrender Hauch,
abgründige Unendlichkeit, die mich empfängt! ...

Die schwarzen lendenlahmen Mühlen scheinen plötzlich
zu laufen auf der Flügel aufgesteifter Leinwand
als übergroßen Riesenbeinen…

Die Berge möchten über meine Flucht
schläfriger Frische Mäntel werfen.
Dort! dort! seht – da an jener finstern Kehre!
Berge, ihr riesenhafte Herde! Mammuts,
die langsam trabend ihre riesigen Rücken biegen,
ihr seid überholt … ertränkt
in Nebelsträhnen! Und ich höre dumpf
das schurrende Geräusch der Siebenmeilenstiefel
an euren ungeheuren Füßen, das die Straße füllt.

Ihr Berge mit dem Mantel blau von Frische,
ihr schönen Flüsse unterm Mondlicht atmend,
Ebenen voll Dunkelheit! Ich sause an euch vorbei
im Jagen meines tollen Ungetüms. Ihr meine Sterne,
hört ihr sein Rennen, seines Bellens Lärm,
seiner metallnen Lungen unaufhörlich Atmen?
Ich geh die Wette ein … mit euch, ihr Sterne!
Schneller! Noch schneller! Ohne Ruh und Reue!
Die Bremsen los! Ihr könnt nicht? Brecht sie denn,
daß sich des Motors Schwung verhundertfacht!
Hurrah! Die niedre Erde fesselt mich nicht mehr.
Endlich befrei ich mich und fliege schon
berauscht hinein in alle Überfülle
des Sternenstroms im großen Bett der Nacht.

Paul Mayer

Nächtliche Autofahrt

Wir sind wie Fliehende, die Leiber zittern,
Denn unser Weg, von mattem Mond erhellt,
Zeigt uns die Dinge nur wie hinter Gittern,
Durch die ein Blendstrahl unseres Wagens fällt.

Dies war ein Dorf mit welken Kirchweihflittern,
Ein Brunnen rauscht, ein Bernhardiner bellt.
Da droht ein Baum, wir wären fast zerschellt,
doch wir sind Sieger, die Gefahren wittern.

Ein einsam Haus, weiß nicht, was dort geschieht?
Vielleicht, daß einer in Gebeten kniet,
Vielleicht, daß einer sich der Liebsten eint.

Uns hetzt das Dunkel! Meilensteine blinken,
Wir sehen Sterne steigen und versinken,
Wer Ziele findet ist der Sehnsucht Feind.

Steffen Mensching

Vollgas

In den historischen Autos
Mit Kippen, Flaschen, rissigen Fahnen,
So eilig, immer, so haltlos
Schlittern wir über die Autobahnen
Und lassen das Haar wehn,
Verliebt ineinander, einander verhaßt,
Mit Zähnen, Fingern und Zehn
Gekrallt in die knatternde Unrast.
Ach, so laut, ohne Rollgurt
Singen wir unsre elegischen Lieder,
Doch im Vollgas, im Endspurt
Rolln wir die Jammerkatzen nieder –,
Dann platzen die Reifen
Und schleudern die Freunde ums Leben –
Wir treten die Bremsen, sie keifen
Bis schlotternd am Asphalt wir kleben.
Wir müßten uns, so sagen wir,
Verbiegen, verbieten oder erschlagen,
Hätten wir weniger, hier,
Sagen wir, zu leben, oder zu sagen.

Kurt Erich Meurer

Autofahrt

Wie völlig aufgesogen von Geschwindigkeit,
In die sich Menschen, Bäume, Lichter einbezogen
Und alle Dinge, die mit uns im Raume flogen,
Entflohn wir der in Städten eingefangnen Zeit.

Eins mit der Asphaltbahn, eins mit dem Weggeleit,
Geduckt, als hätten wir der Pfeile viel betrogen,
Die abgeschnellt von einem horizonte-weiten Bogen
Ihr Ziel verfehlten: unsre Stirnen, stolz und breit.

Und nie befiel uns so die glühende Sekunde,
Als da die Hast und zwangvoll Leib an Leib gepreßt
Und wir die Kurven nahmen, fieberhafte, jähe –

Da jede Nähe Ferne ward und jede Ferne Nähe
Und jedes noch nicht flügge Wort von unsrem Munde
Nicht hier, nicht dort geboren umtrieb ohne Nest...

Alfred Richard Meyer

Der Automobilist Adolf Keßler

Winters ist der frühere Fremdenlegionär französischer Professor
in Budapest.
Im Sommer kommt er mit fünfzig Pferdekräften nach Tatra-Füred
herauf.
In einem Anapäst bäumt sich das Auto auf, fühlt jene Fäuste fest.
Wütend wird, frisst Straßen, Berge, geifert schneeweiß
Geschnauf.
In Vernar stellt sich ihm stets eine Zigeunerin keck in die Bahn,
Rot hüpft die Rose in ihrem Mund, wie drunter Brüste braun
durch das Hemd.
Er aber nimmt dieses Hindernis, ehern ein Dschingis Chan,
Wie im Krampf halten Zähne die Zigarette geklemmt.
Bisweilen nur gießt er Wasser ins Maul seines kochenden Tiers,
Streichelt es, prüft seiner Sohlen genagelte Bergstiefel nach.
Dann brüllt die Hupe wieder, ist Brunst eines rasenden Stiers,
Die Hörner nehmen Ziegenböcke, Pferde, Menschen, ein
Kirchendach.
Jedes Haus ist plötzlich ein reifer Bofist, spritzt Sporen, zerknallt.
Kinder fliegen, kleben am Waldsaum, sind schon dividiert.
Ein junger Mann verliert Haare, hat Glatze, wird sichtlich alt.
Ein Dutzend Frauen im vierten und fünften Monat gebiert.
Die Wolken nicken auf uns mit blaugebuckelten Helmen herab.
Janitscharenmusik kakophoniert herrlich aus Donner und Blitz.
Irgendwo in Blumen klafft auch uns ein Grab.
Wir wissen nichts von Waterloo noch von Austerlitz.
Alles ist hinter uns eitel Feuer, in Staub und Blut zerspellt.
Nur ein paar Hundebeine kriechen da irgendwo fort.
Wir sind ein Päan, der laut bis zum Schwarzen Meere gellt.
Wir sind die Apokalypse. Wir bringen den heiligen Mord.

Christian Morgenstern

Die unmögliche Tatsache

Palmström, etwas schon an Jahren,
wird an einer Straßenbeuge
und von einem Kraftfahrzeuge
überfahren.

»Wie war« (spricht er, sich erhebend
und entschlossen weiterlebend)
»möglich, wie dies Unglück, ja – :
daß es überhaupt geschah?

Ist die Staatskunst anzuklagen
in Bezug auf Kraftfahrwagen?
Gab die Polizeivorschrift
hier dem Fahrer freie Trift?

Oder war vielmehr verboten,
hier Lebendige zu Toten
umzuwandeln, – kurz und schlicht:
Durfte hier der Kutscher nicht – ?«

Eingehüllt in feuchte Tücher,
prüft er die Gesetzesbücher
und ist alsobald im klaren:
Wagen durften dort nicht fahren!

Und er kommt zu dem Ergebnis:
»Nur ein Traum war das Erlebnis.
Weil«, so schließt er messerscharf,
»nicht sein *kann*, was nicht sein *darf*.«

Andreas Noga

Gerecht

AMSTRASSENRANDDERÜBERROLL

```
m
a
 r
d
TEZERBEISSTKEINEKABELMEHR
 r
```

Jürgen O. Olbrich

Autopoem

SILT SIJW SICU SIKN SIKV SIJE ENRE SIJV SICN SILA SIAK SICX
DOTZ SITP SIJA SIP SIHE SIEZ SIHN SIJL SILA SIAN SICK SIAZ
SIAC SIM SIPR SIMP SIJZ SICX SIDZ GISE SIJT SIDC DIAP SIHA
SITU SIKL SIE SIGH LAN SIEE SILX SICP SIAZ SIP SICP SIJX
SIK SIEG SILT SIEM SIKV SICK SIGO SIUP SILX SIRT SIJT SIU
SIVT SIDM SIVX SIOL SIJK SIFR SIUR SISA SIEI SIFG SIPT
SIRE SIUZ SICT SIUT SIGK SILC SKG SINU SIBU SICR SIF SIL
ENER SIAS SIWE SIZR SIPO SINU SIDZ SIWT SIBV SIZT SINR SIT
SIWE SIOL SIU SIPZ SIGR SILB SIKR SIAZ SIGT SIEL SIHR SILN
SIKO SIJI SIUH SIDN SIHF SILG SIR SIPC SIKH SIFD SILV

Autopoem
(cars passing me in Siegen in 30 minutes)

94

Ron Padgett

Fiat!
Du hast uns befreit
Von unserer scheußlichen staubigen Vergangenheit
In der Boccaccio,
Obwohl er oft sehr komisch ist,
Uns eingesperrt hielt, in den altmodischen Räumen
Seines langen *Dekamerons!*
Fiat! In dir fahren wir
An den Gräbern der frühen toskanischen Minnesänger vorbei.
Ohne überhaupt zu wissen wo sie sind
Und auch ohne viel Interesse,
Weil sie ja tot sind!

Dirk von Petersdorff

An den Autoreifen

Erkennt ihr es. Sie fahren sich ab, bald
sind sie nicht mehr
verfügbar. ENTROPIE UND ALLTAG,
das Profil ist runter, sagt der Meister.
Vier neue. Und so geschieht's,
die Unordnung wächst.

Wer, wenn die Vase fällt, klebt
die Scherben? Etwas nimmt ab und etwas
verschwindet, es verwandelt sich und
WÄCHST MIR ÜBER DEN KOPF, sagt die
Hausfrau. Bald wird sie Sarah
Kirsch lesen. Die Unordnung wächst sehr.

Treten Sie an diesen Teich und
sehen Sie: Ein schön
gewirkter Teppich weißer Rosen
bedeckt die Oberfläche gänzlich.
Die Sauerstoffzirkulation bricht ab.
Bald sterben die Rosen.

Ein Tal voll Industrie- und
Hausmüll. Ein stilles Tal, die Dinge
liegen beieinander. Zur Kenntlichkeit
vermischt. Einen Kühlschrank kann
ich erkennen. Wir sind Autofahrer,
wir stehen über der Müllkippe.

Dirk von Petersdorff

Ford-Transit-Song

Ein Küstenort auf Korsika,
die Sonne schien zu schmelzen,
der Transit lief rot an, so heiß
wie nie, und alles nah,

als alles plötzlich stockte, stand:
Die Autos von vier Enden
im Stau, im Knäuel, unzertrennlich,
das Hupen, Arme-Heben,

auch Lenkrad-Trommeln gegen die Hitze
vergeblich, über Kreuzung
und Kantstein nichts, gar nichts beweglich.
Nur ein Luftzug ging

aus Meeresluft und Dieselduft,
umspielte meine Hand,
die seitlich aus dem Fenster hing,
und jetzt kommt dein Lächeln

vom Beifahrersitz herüber, Gedanke,
der süß und salzig schmeckt,
wir haben ihn beide zugleich, Himmel,
lass uns im Stau versteckt.

Matthias Politycki

Tankwart, das Lied vom Volltanken singend

Ist doch
ziemlich egal, ob du einer von denen bist –
einer der lausigen Lichthupenfürsten,
die (mit 'ner Beifahrerloge in Blond)
hier ihren Unterarm raushängen müssen ...

Ist doch
wirklich egal, ob du einer von denen bist,
die (mit 'ner schönen Bescherung zur Rechten
und auch drei schreienden Schrazen im Fond)
vollauf beschäftigt sind, Chips ranzuschaffen ...

Ist doch
völlig egal, ob du hier deine Mühle mal
volltanken läßt, denn schon morgen, da hab ich
wieder komplett den Tag frei und da steig ich, ihr
windigen Manta- und Mazdarummurkser, ihr
hochwürd'gen Audi- und Volvo-Schnarchsäcke, steig
in meinen Turbo-Metallic und dann: nix wie
weg! Mann, die Kurven gekratzt ...

bis zu
dieser, oh ja: dieser Tankstelle, und wenn das
Fenster ich dann kaum 'nen Spalt runterkurble und
keinen Mucks leiser gar dreh die Musik und auch
keinen Deut rauf in die Stirn etwa schiebe die
Brille mit blickdichtem Sonnenglas und wenn ich
beiläufig dann nur so nicke und – na? Ist doch
absolut! schnurzpiepegal ...

Ulrich Pothast

PLÖTZLICH HÖRTE ICH mich selber
wie ich leise schrie
denn das Auto war
in eine dichte Nebelbank gerast

Während es weiterlief
ich hoffte daß kein Ackerschlepper
und kein geparkter Lastwagen
wollte ich mich wieder sammeln

Während es weiterlief
ich dachte nicht ans Bremsen
hier war ich doch zu Hause
ich kannte diese Strecke

War diese Strecke doch
schon hundertmal gefahren
als Kind als Junge und als Mann
tausendmal

Während das Auto weiterlief
die Reifen surrten jetzt nicht mehr
auf dem Grund also war Glatteis
erkannte ich

Also war Bremsen sinnlos
und Lenken dito
ginge nicht wäre zu gefährlich
die Räder drehten sich leicht und sanft

Während das Auto weiterlief
ich konnte jetzt nichts tun noch sehen
still jagend
hörte ich nicht einmal mehr
wie ich leise schrie

Joachim Ringelnatz

Neujahrsnachtfahrt

Wenn du nachts in ein Auto steigst,
Und dir ist bang und winterlich zu Mut,
Und du dem Chauffeur die Richtung zeigst
Und sagst: »Sie fahren gut.«

Wenn du so den Kopf des Wagenlenkers lenkst,
Daß er's gar nicht gewahrt,
Wie du traurig bist und an Sterben denkst, –
Das ist die nächtliche Fahrt.

Draußen leuchtet Volk und lacht und schießt. –
Mitlächelnd denkst du fremdwärts still
An etwas, was du vom Flugzeug aus siehst,
An ein Flüßchen, das unter dir weit fließt
Sohin, dorthin, wo es muß; nicht will.

Roman Ritter

Einen Fremden im Postamt umarmen

Wir fahren zurück.
Auf eine oder zwei Stunden kommt es nicht an.
Wir haben einen Kaffee getrunken in der Raststätte
und ausgelassen Bierfilze vom Tischrand hochgeschlagen
und in der Luft gefangen.
Nachher werden wir uns am Steuer ablösen.

Es ist Nacht, und es regnet leicht,
aber im Auto ist es warm.
Das Zischen des Fahrtwinds,
das beständige Orgeln der Reifen,
das Wiegen der Stoßdämpfer
macht müde, aber nicht schläfrig.

Ich fühle mich wie ein Tier in seinem Fell,
ein Tier in einer runden Höhle, in einem Fell,
durch das keine Nässe dringt und keine Angst.
An meiner Schulter lehnt ein Mädchen,
bewegungslos, in den Kurven
wird es leichter oder schwerer.
Für diese Zärtlichkeit
muß sich keine Hand rühren.

Die schnell vorbeifliegenden weißen Lichter
und die langsam vorbeiziehenden roten Leuchten,
das sind die anderen. Sie gehören dazu,
mit dem üblichen Risikofaktor,
aber überschaubar und auf Distanz.
Es gibt nichts Verläßlicheres

als die weißen Streifen am Fahrbandrand.
Was die Scheinwerfer einen Augenblick lang erfassen,
ist vergessen, bevor es hinter uns liegt.

Durch meine offenen Augen schaut einer,
der mir ähnlich ist, mit einem weiten und unzerstörbaren Blick.
Der Mond bescheint die Wolken von hinten.
Ein stiller Schleier, hinter dem sich nichts verbirgt.

Ein Gefühl macht sich breit
wie die Wärme des Mädchens an meiner Seite,
schwebend, unbeirrbar, tonlos:
Ich möchte einmal in meinem Leben
mit einem Ballon still über Wälder und Wasserfälle fliegen.
Ich möchte einmal einen Fremden im Postamt umarmen.
Ich möchte einmal ohne Angst an jeden Tag denken.

In zwei Stunden kommen wir an.
Im Zimmer wird der dumpfe Geruch hängen.
Haare mit Staubflocken werden am Boden liegen.
Aber noch sind wir unterwegs. Das Mädchen wird wieder spürbar.
Der Mond scheint von vorn. Der Fahrtwind rauscht.

Thomas Rosenlöcher

Parkplatz

Zweitausend Autos ertragen wortlos die Frühe
und warten, Bleifuß zwischen den Rädern,
denn ihre Gefährten verschwanden im Tor
mit Aktentaschen und keiner, keiner weiß, was sie tun,

während das Sonnenlicht die Autos erbarmungslos rammt,
als wär unter glänzenden Blechen nicht manche Seele, die hofft,
und sich noch des Sonntags der schäumenden Waschung erinnert,
da Zärtlichkeit selbst die Radkappen erfaßte.

Aber wie Rost kommt, geht Zeit. Die harten Konturen des
                                                       Fortschritts
besänftigten sich, Rohre ziehn
träg ins Gelände hin und schlängeln sich eilig davon,
ehe im Tor die Gefährten mit Aktentaschen erscheinen

und, glücklich vereint mit den Autos, zu rasen beginnen,
an den Verkehrspolizisten, die ihre Arme, umweht
von Abgasfahnen begeistert ausbreiten, in Reihe vorüber,
noch einmal nach Hause zu kommen. Der Abend liegt flach auf
                                              den Blocks.

Und zweitausend Autos erfahren abermals, was es heißt,
auf seinen Pneus auszuharren. Denn unter die Kühlerhauben
sickert die schwarze Nacht, verdichtet sich in den Zylindern.
Kalten Schweiß schwitzt das Blech. Und bald graut uns allen der
                                              Morgen.

Rüdiger Rosenthal

Polnische Reise 18

Nichts gegen Autos, sie sind zu bedauern
    Leitlinien begrenzen ihr Sichtfeld
Den starren Blick auf die erbrochene Mitte des grauen Betons
    Lenken sie locker verkrampft feuchte Hände
Jagen sie unter drohenden Wolken
    Vorbei an ihrem Gewissen
Vorbei an den unendlichen Sinfonien der Vögel
    Die neuen weißen Sitzbezüge
Vorbei an ihren Töchtern (wie die sich kleiden)
Vorbei an ihren Söhnen (erstmal rasieren oder gleich zur Armee)
    In der Einsamkeit des Autoradios
Vorbei an der Chance, Dein Lachen zu hören
Vorbei an der Chance, nicht nach Hause zu kommen
Fahrzeugführer, vorbei an meinen Gedanken
    Tote Fliegen auf der Windschutzscheibe
Ja, auch ein Funktionär wird gefahren
    Vorbei an seiner Wandervogeljugend
    Gefahren im Sicherheitsgurt
Vorbei am todesverachtenden Weg einer Schnecke über die
                             Autobahn
Vorbei an einem ausgestreckten Arm. Daumen nach oben
Vorbei an einem ausgestreckten Arm. Daumen nach unten
Auf den Parkplätzen der Welt weinen die Autos…

Peter Salomon

Kl. Geschichte

Jemand hat einen Autounfall:
Er wendet auf der Wollmatinger Straße.
»Alles ist frei«, denkt er, wie
man eben als Routinier etwas denkt, und
nachher weiß er beim besten Willen nicht,
wo der Mopedfahrer herkam, so plötzlich.

Die Sache geht ihren Gang. Staatsanwalt-
schaft und Versicherungen wollen es
genau wissen. Man trifft
komplizierte Feststellungen, Zeugen, die
behaupten, sich nicht ganz sicher zu sein,
erhalten Beugestrafen, bis sie ihr Gedächtnis
gehörig anstrengen. Schließlich
kann das Urteil ergehen. Nach 30 Jahren wandern
die Strafakten in den Reißwolf; Eintragungen
im Strafregister werden früher gelöscht.

Manchmal, in Kneipen, will einem jemand
seine Geschichte erzählen.
»1930, als ICH meinen Unfall hatte«, sagt er,
und:»dem Mopedfahrer mußte ein Bein
amputiert werden…« Und er weiß immer noch
ganz genau, welches es war,
und daß er schuld hatte.

Peter Salomon

Im Stau

Der Leichenfahrer im schwarzen Anzug
Im schwarzen Caravan, matt glänzend
Rein herausgeputzt, zur Zierde Palmwedel
Hinten auf der Klappe eingeschliffen.
Er fährt ganz rechts, ganz gleichmäßig
Die Witwe, winzig, neben ihm –
Sie versinkt im Beifahrersitz.

So geht es durch den Stau.
Bauarbeiter hinter den Reitern und Baken
Machen Asphalt. Sie stemmen
Alte Krusten auf und walzen neue
In den Sand. Alle kucken, keiner
Macht das Kreuz. Sie machen Frühstück.

Dann Autobahnraststätte. Bitterer Kaffee
Bißchen Nachkriegsgeschmack drin.
Die Witwe bleibt solange im WC.
Dann weiter, wieder
Eingefädelt in den Stau

Peter Salomon

Das Auto

Seit Monaten steht es am gleichen Ort.
Der Lack ist matt geworden.
Haufen Laub liegen
Auf Motorhaube und Dach. Aber
Es hat noch ein Nummernschild
Und es ist zugelassen.
Jeden Moment könnte es weggefahren werden.

Ist der Fahrer tot?

Wie geduldig es dasteht.
Es macht sich keine Sorgen.
Aber es ärgert mich –

Walle Sayer

Lastwagenfahrer

Hier im Führerhaus, zwischen endlosen
Kilometerangaben und den kurzen Pausen
auf Autobahnraststätten
spielt sich sein Leben ab,
das einer vorüberfliegenden Landschaft
bei Tempo Hundert gleicht,
das immer nur aus flüchtigen Begegnungen
besteht, aus Lichthupenblinken,
Rückenschmerzen und dieser asphaltenen Müdigkeit
nach fünf Stunden Fahren.

Und, sagt er, jetzt nach zwanzig Jahren,
in denen du von Wochenende zu Wochenende
weiter weg bist, wenn du heimkommst,
bleibt dir wirklich nichts anderes mehr
zum Dich-Festhalten
als dieses Lenkrad.

Walle Sayer

Im Freien

Im Freien, hinter der Remise,
neben Krempel, Kruscht und anderem Gelump,
bis auf alle Räder ausgeschlachtet,
Raumkapsel, Wetterversteck und Blechoase,
richtungsverlassen, auf Holzrugeln aufgebockt,
Unkraut sproß unter der Motorhaube hervor,
im Kofferraum ein Blindschleichennest,
und Nachbarsmädchen auf den Rücksitzfedern,
die ausstiegen, mitten im vollsten Karacho,
immer von woanders hin nach anderswo,
in das Blaustichige, auf den Horizont zu,
wie der hinterm nahen Felderstreifen,
ein Längsschnitt war im Dunst der Scheibe,
nur Christophorus sah uns zu von seiner Plakette,
nur das Altern überholte uns.

Gisela Schalk

Aber jetzt geht es endlich aufwärts

brummbrummdirum
dikurve
direchts undi links
nur
diandernautos
distören
dabinichdoch
glatt
übernbordstein
übersgeländer
einfachdiebrücke
runter
runter
runter

Peng!

unjetz issmirdoch
glatt
hörnunsehn
vergangun
augnun mundun ohr
sinnjetzauch
nichmerdas wassi mal warn
unnun
?
sachte ichdoch

Nach o-ben!

Tom Schulz

Nach Hause zittern

In nächtlichen Automobilen
Wenn der Polarstern
Am Autobahnkreuz aufgeht

Die Kurven sind ausgeschnitten
Im ewigen Eis der Ausbaustrecken
Wo du gegenlenkst
Doch du hast einen Kolbenfresser
Und keinen Ehemann
Mit dreizehntem Gehalt

Zwischen den Schichten
Sind die Tage zu Dunkelziffern
Geworden; in denen man sich schwarz-
Gearbeitet hat, schwarz
Bis in die vierten Zähne

Noch einmal aufs Gas gehen
Bevor man in die Radarfalle fatscht
Zu den Gute-Nacht-Füchsen
Den Schneehasen in Wintermanövern
Die aus dem Harsch winken
Und Briefe schreiben mit Lügendetektoren
MIT FREUNDLICHEN GRÜSSEN /
DER MANN IM MOND
Eine Parklücke finden, die freie Bucht
Für das Leben danach, geräumig
Wie eine Zweizimmer-Neubauwohnung
Ein neues Leben mit Wochenend-
Tickets zu den Ceranfeldern
Auf denen die Augenpaare schmoren

Du hast dich dünngefroren
Und fährst wieder Bus & Bahn
Ich träume von finnischen Nächten
Und suche die Advents-
Sterne in den letzten Lichtern
Wenn ich trinke und fahre
Die sterbenden Finger im Handschuh-
Fach still sind für Minuten
Die Rechtsfahrer aufblenden
Aus ihrer Leuchtspur nach Canossa

Martin Steiner

Parkplatz

Blechperle an Blechperle
und dazwischen
wie beim Rosenkranz
immer wieder eine Lücke

Gegrüßt seist Du Fiat

Jürgen Stelling

Straßenkampf

Darüber hinweg
Das Abrücken der Häuser voneinander
Nachmittag auf der Westautobahn
Die Verkehrsdurchsagen
Parkgarage (Wo bleiben die Wörter?)
Landschaft mit Lärmschutzwall
Kaltstart
Das Ende der Gewalt
Auf dem Highway ist die Hölle los
Bremsspuren
Autopest: RushHour auf der Aachener Straße
Das geht alles sehr schnell (flackerndes Licht)
Zeiten, Gezeiten, Verkehrsbrandung
J. Losey/Accident
Autopest: Köln–Stuttgart, die Autobahn
Durchs Graue ins Grüne
Hier spricht die Polizei
Lichtwechsel
»Super voll bitte!«
Die Verkehrsdurchsagen von Bayern drei
haben mich doch sehr erschöpft
Hinweis auf einen Autofriedhof
Autopest: GTI's mit Surfbrett
Ziemlich traurig, nicht?
Zäher Fluß und Rückstau
Wortreiche Gesten
Autopest: München–Stuttgart, Regen auf der
Überholspur
Ins Blaue hinein, letzte Tage
J. L. Godard/Weekend
Imaginäre Fahrt mit Automobil
Busstop

Susanne Stephan

Vierzehn Zeilen näher zum Glück

Treten Sie nur näher heran.
Etwas Gleichrangiges finden Sie schwerlich auf dem Markt.

Im Innern haben Sie: volle Sicherheit, vollen Komfort,
Seiten-, Frontairbags, sagenhafte vierzehn Klimadüsen!

Dann weiß er noch viele Zahlen zur Motorisierung.
Ob Benziner oder Diesel, ich brauche kein neues Auto.

Aber wie er das sagt: Vierzehn Klimadüsen,
ohne zu zögern, ohne zu blinzeln,
aufrecht mit Augen und Mund, das Wort
ist Licht, Sonne, Wind, ein Hauch vom Paradiese her,
den ich, ganz individuell, auf höchste Stufe stelle:
Wie kann man nur so weitermachen, weiterfahren!

Draußen ist irgendein Wetter,
ich gehe hindurch und weiter.

Niklas Stiller

Eine Fuhre Sand

Beim Warten im Auto
in einer Verkehrsstockung
beobachtet ein Mann durch eine Lücke
in einem Bauzaun,
wie am Rand des großen, ziemlich leeren Platzes
hinter dem Zaun,
unter den Blättern
einiger weit ragender Äste eines angrenzenden
Baumbestands,
eine Ladung Sand von einem Lastwagen gekippt wird:
während die Neigung der Ladefläche stetig zunimmt,
rutscht immer wieder eine Schicht
von der Sandladung herunter.
Die Autos vor dem Wagen des Beobachters
fahren an und fahren langsam weiter;
der Beobachter schaut bis zuende
dem Sandabkippen zu:
wie der Kipper schon oben das Laub berührt,
rutscht ein großer Rest des gelbbraunen Sands
im ganzen nach unten,
und das blankgeschliffene, silbern glänzende Metall
der nicht mehr ganz ebenen Ladefläche erscheint.
Die Fahrer mehrerer Autos
hinter dem Wagen des Beobachters
hupen anhaltend.

Wilhelm Stolzenburg

Neu York: Cars auf Brooklyn Bridge

Die Cars, auf die Seile der Brücke springend, sichern sich im
        Rhythmus der steilen Stadt den Weg zum Licht:
von ihrem Mut-Willen emporgetragen, auf der gewölbten Brust
aus Stahl sich schaukelnd.

Brennende unverbrauchbare Kraft der Neuen Welt, –
blauleuchtende Pfeilschnur: o heftige Geborgenheit
Triumph.

Tönender Herzstrom des Hochgebirges Neu York, Kabelharfe
        der Weltstadt:
singe den Sieg, Brooklyn Bridge!

Bernd Storz

Mit Hans-Peter Reuter im Mercedes nach Nuschelberg

Der Maler bittet mich auf seinen
federnden Rücksitz
und gleich kommen wir
ins Philosophieren
über Nuschelberger Spezialitäten.

Das merkwürdige Raumlicht
hinter den Fassaden
seiner Architekturbilder.

Eine Ahnung von etwas,
das noch nicht da ist
und das es schon lange gibt.

Tina Stroheker

Im Auto durchs Filstal

Draußen
die flache Landschaft –
Fabriken, Großmärkte, Tankstellen, Masten.
Zurückweichendes Grün.

Blick in den Außenspiegel:
eingerahmt
wird alles zum Bildchen.

Eingerahmt.

Rüdiger Stüwe

Beziehungskiste

Ein Mann wäscht
sein Auto
am Sonntagsmorgen wäscht er es
trocknet es sorgsam ab
reibt es ein
und putzt es hübsch heraus
so daß sich ein Mann
darin spiegeln kann.

Hannelies Taschau

Tiefgaragen kennen wir schon so lange
noch bevor sie bei uns Wirklichkeit wurden
kannten wir sie
aus Amerika
aus amerikanischen Filmen
Darum werden wir da drin auch das Gefühl
nicht los mitzuspielen in einem Film mit
amerikanischen Produzenten
Wir sind bewaffnet wir schießen wir schreien
so laut es geht knacken auch mal ein Auto oder
reißen auch nur eine Schere über fremdes Blech
Alles klappt nur springt manchmal das Fluchtauto
nicht an

Jürgen Theobaldy

Gelb

Das licht der ampel hüpft:
eine sonne
ein mond
ein pfefferminzdrops
mein wagen fährt ohne mich
ich fahre nicht ohne ihn
die brustknospe am schaltknüppel
fühlt sich glatt an und rund
meine frau: was sie denkt
der penis schnarrt beim schalten

Einmal ein kind:
hat den wagen zerkratzt
die rote spur
auf dem oberarm meiner frau –
sie verhindert am abend
den beischlaf

Eine sonne
ein mond
ein pfefferminzdrops
wenn wir am morgen ausfahren
sind wir ganz ruhig
geschwindigkeit wirkt befreiend
das licht der ampel hüpft:
eine pfeffersonne
ein minzmond
ein drops

Jürgen Theobaldy

Abenteuer mit Dichtung

Als ich Goethe ermunterte einzusteigen
war er sofort dabei
Während wir fuhren
wollte er alles ganz genau wissen
ich ließ ihn mal Gas geben
und er brüllte:»Ins Freie!«
und trommelte auf das Armaturenbrett
Ich drehte das Radio voll auf
er langte vorn herum
brach den Scheibenwischer ab
und dann rasten wir durch das Dorf
über den Steg und in den Acker
wo wir uns lachend und schreiend
aus der Karre wälzten

Jürgen Theobaldy

Fernstraße

Wie sie geschickt um sie herumkurven,
die Autofahrer, um diese Reste
von Pelz und Fleisch der toten Igel.

Nun denn, sie geben schließlich
etliche auch der Ihren hin,
so 42 in Loiret 2002, Autofahrer.

Soll ich den ersten Stein aufheben?
Beklagen sich vielleicht die Toten?
Ich war nie gut im Werfen!

Fragt meine Lehrer, die sagen es:
Am Anfang war das Wort.
Und später kam Henry Ford.

Auch das war ein Anfang.
Igel, Igel, habt ihr keine Flügel?
Ach, im Singen war ich nicht besser!

Tomas Tranströmer

Einsamkeit

I

Hier wäre ich fast an einem Februarabend verunglückt.
Das Auto kam seitlich ins Rutschen und geriet
auf die falsche Seite der Straße. Die begegnenden Wagen –
Ihre Scheinwerfer – kamen heran.

Mein Name, meine Mädchen und mein Beruf
machten sich frei und blieben immer weiter
hinter mir zurück. Ich war anonym
wie ein Junge auf einem Schulhof, von Feinden umgeben.

Der Gegenverkehr hatte mächtige Lichter.
Sie starrten mich an, wie ich lenkte und lenkte
in durchsichtigem Schrecken, der wie Eiweiß zerfloß.
Die Sekunden wuchsen – gewährten Raum –
und wurden so groß wie Krankenhausbauten.

Fast konnte man eine Pause einlegen
und eine Weile verschnaufen,
ehe man zerquetscht wurde.

Da fand sich ein Halt: ein helfendes Sandkorn
oder ein wunderbarer Windstoß. Das Auto kam los
und schnellte quer über die Straße.
Ein Pfahl schoß auf und zerknickte – ein scharfes Geräusch –
schon
verschwand er im Dunkel.

Dann war es ganz still. Ich hing noch im Gurt
und sah, wie jemand durch das Schneetreiben kam,
um zu sehen, wie es mir ging.

Fritz Werf

Rückfahrt von Nürnberg

Wir fahren durch einen feurigen Herbst.
Mischfarben verbrennen im Frankenwald. In Todröte
glimmt die Sonnenscheibe. Frost beschlägt
die Wagenfenster – doch das tauen wir ab
heizen uns auf für Klarsicht:
Auf der Gegenspur werfen Panzer drohende Schatten
sie rollen nicht ins Spielzeugmuseum, noch nicht
aufs Reichsparteitagsgelände. Manöver sind kein
Rostbratwürstelschmatzen. Dürers Geschäftssinn
hätte eine Vorlage gewittert für Massenszenen
aus Kupfer gestochen, besser noch holzgeschnitten
im Auftrag des Verteidigungsministers, schon prangt
auf der Kühlerhaube des Künstlers Selbstporträt
protzig das Verdienstkreuz in Gold auf der Brust
Filigranarbeit, betende Hände himmelwärts: ein
Bestseller im Vertriebsnetz des Druckmeisters.
Scheibenwischer fegen den Spuk.

Martina Wied

Bewegung

Im Auto fliegen wir umhüllt von Staub.
Der Morgen ist von Wolken noch umfangen –
Bewegung pfeift als Sturm um unsre Wangen.
Die Pappeln biegen sich im Silberlaub.

Ein Schloß entschwindet, rascher Blicke Raub,
Gehöfte flieh'n – flink kommt Gebüsch gegangen,
Im Stechschritt schreiten Telegraphenstangen.
Ein Knall – Die Sinne werden blind und taub.

Indes sich keuchend der Chauffeur bemüht,
In die Pneumatiks frische Luft zu pumpen,
Seh ich zur Tränke träg die Herde schleichen.

Ein Schäfer mit bedächtigem Gemüt
Geht nebenher – rings sprühen schwarze Klumpen,
Wo vor den Hufen feucht die Schollen weichen

Inhalt

Autoren- und Quellenverzeichnis

Die Gedichte wurden alphabetisch nach den Autorennamen angeordnet. Die bio-bibliographischen Notizen zu den Autoren dienen nur zur groben Orientierung. Weitere Angaben sind heutzutage leicht im www zu finden.

REIMAR BANIS, geb. 1951 in Berlin. Lebt in der Nähe von Luzern.
Januar aus: Zeitschrift »Die Horen«, Nr. 83/1971

KURT BARTSCH, geb. 1937 in Berlin, gest. 2010 ebenda.
Autowäsche aus:» Weihnacht ist und Wotan reitet«. Rotbuch Verlag, Berlin 1985

ULI BECKER, geb. 1953 in Hagen, lebt in Berlin.
Wham Bam Thank You Mam aus: »Der letzte Schrei«. Rowohlt Verlag, Reinbek 1980

REINHARD BERNHOF, geb. 1940 in Breslau, lebt in Leipzig.
Homo automobilis aus:»Leipzig, Hauptbahnhof«. Aufbau Verlag, Berlin und Weimar 1986

TED BERRIGAN, geb. 1934 in Providence/Rhode Island, gest. 1983.
Nach Southampton aus:»Guillaume Apollinaire ist tot«. Deutsch von Rolf-Dieter Brinkmann. März Verlag, Frankurt a.M. 1970

NICOLAS BORN, geb. 1937 in Duisburg, gest. 1979 in Hamburg.
Landschaft mit großem Auto aus:»Gedichte«. Wallstein Verlag, Göttingen 2004

RICHARD BRAUTIGAN, geb. 1935 in Tacoma/Washington, gest. 1984 in Bolinas/Kalifornien.
Der Galiläa-Tramper aus:»Die Pille gegen das Grubenunglück von Springhill und 104 andere Gedichte«. Deutsch von Günter Ohnemus. Verlag Günter Ohnemus, München 1980

BEAT BRECHBÜHL, geb. 1939 in Oppligen, lebt in Frauenfeld und München.
In meinem Wagen lieben sich unbekannte Geschwister aus:»Der geschlagene Hund pisst an die Säulen des Tempels«. Diogenes Verlag, Zürich 1972

BERTOLT BRECHT, geb. 1898 in Augsburg, gest. 1956 in Berlin.
Singende Steyrwägen aus: »Werke«, Bd. 14. Suhrkamp Verlag, Frankfurt a.M. 1993

THEO BREUER, geb. 1956 in Bürvenich, lebt in Sistig/Eifel.
wozu sind die straßen da aus: »Das gewonnene Alphabet«. Pop Verlag, Ludwigsburg 2012

ROLF-DIETER BRINKMANN, geb. 1940 in Vechta, gest. 1975 in London.
Auto aus: »Was fraglich ist wofür«. Kiepenheuer & Witsch Verlag, Köln 1967

CHARLES BUKOWSKI, geb. 1920 in Andernach, gest. 1994 in San Pedro/Kal.
Das qualmende Auto aus: »439 Gedichte«. Verlag Zweitausendeins, Frankfurt a.M. 2003; *Unterwegs mit Ludwig* aus: »Die Girls im grünen Hotel«. Verlag Kiepenheuer & Witsch, Köln 1985. *Warm ums Herz / 2-3-1* aus: »439 Gedichte«. Alle Gedichte wurden von Carl Weissner ins Deutsche übersetzt. Verlag Zweitausendeins, Frankfurt a.M. 2003

MARKUS BUNDI, geb. 1969 in Wettingen/CH, lebt in Nussbaumen bei Baden/CH.
Zurechtgestutzt. Aus: »AusZeiten«. Wolfbach Verlag, Zürich 2001

JÖRG BURKHARD, geb. 1943 in Dresen, lebt in Heidelberg.
Birken an der B 3 aus: »Der große Roman«, Verlag Peter Engstler, Ostheim/Rhön 2000

HELLMUTH CARSCH, geb. 1899 in Berlin, gest. 1940.
Berlin aus: »Der Knabe«. Roderich Fechner-Verlag, Berlin 1928

RAYMOND CARVER, geb. 1938 in Clatskanie/Oregon; gest. 1988 in Port Angeles/Washington.
Trinken beim Autofahren aus: »Gorki unterm Aschenbecher«. Deutsch von Uwe Hienz. Maro Verlag, Augsburg 1992

WANDA COLEMAN, geb. 1946 in Los Angeles, gest. 2013 ebenda.
ich lebe für mein auto aus: »Strände. Warum sie mich kalt lassen«, Deutsch von Esther Gionda-Breger, Maro Verlag, Augsburg 2021

HEINRICH DACHS, geb. 1893 in Eßlingen, gest. 1969 in Augsburg.
Der Dieselmotor aus: »Schaffend Herz«. Verlag Holle & Co., Berlin 1936

F. C. Delius, geb. 1943 in Rom, lebt in Berlin und Rom. *Lieder eines fahrenden Gesellen* aus:»Die unsichtbaren Blitze«, Rotbuch Verlag, Berlin 1981

Hugo Dittberner, geb. 1944 in Gieboldshausen, lebt in Echte. *Ode an vorbeifahrende Frauen* aus:»Ruhe hinter Gardinen«. Rowohlt Verlag, Reinbek 1980

Beat Eberle, geb. 1953 in Winterthur, lebt in der Nähe von Zürich. *Sonntagabendsonnenuntergangsautofahrt* aus:»Mitverschwörer«. Sauerländer Verlag, Aarau 1975

Serge Ehrensperger, geb. 1935 in Winterthur, gest. 2013 ebenda. *Der Jaguar*: Unveröffentlicht

Lion Feuchtwanger, geb. 1884 in München, gest. 1958 in Los Angeles. *Ein älterer Mann im Ford-Wagen spricht / Der jüngere Mann im Ford-Wagen antwortet* aus:»J. L. Wetcheeks amerikanisches Liederbuch«, 1928; in: »Gesammelte Werke in Einzelausgaben«, Bd. 14. Aufbau Verlag, Berlin und Weimar 1964

Wolfgang Fienhold, 1950 in Darmstadt, gest. 2011 in Frankfurt. *kompression* aus:»Lächeln wie am Tag zuvor«. edition proThese, Basel + Obfelden 1977

Michael Fruth, geb. 1949 in Dresden, lebt in Wielenbach bei München. *Asphaltflucht* und *An dich zu Hause* aus:»Niemand sonst hat die Detonation gehört«. Maro Verlag, Augsburg 1979. *Inselschiff (vor Bangalore/Karnataka)* aus:»ENG. WEIT. HIER. NOCH«, Leipziger Literaturverlag, Leipzig 2021

Robert Gernhardt, geb. 1937 in Reval/Estland, gest. 2006 in Frankfurt. *Auto und Baum* aus:»Körper in Cafés«, 1987; in: »Gedichte 1954-1997«. Haffmans Verlag, Zürich 1999

Allen Ginsberg, geb. 1926 in Paterson/New Jersey, gest. 1997 in New York. *Das grüne Automobil* aus:»Jukebox Elegien«. Deutsch von Bernd Samland. Hanser Verlag, München 1981

Jürgen Glocker, geb. 1954 in Pforzheim, lebt in Waldshut. *Die Zeiten ändern sich?* Unveröffentlicht.

GEORGE A. GOLDSCHLAG, geb. 1896 in Berlin, gest. 1934 ebenda.
City aus: »Rot und Grün«. Berlin 1929

IWAN GOLL, geb. 1891 in Saint-Dié/Frankreich, gest. 1950 bei Paris.
Die Automammuts aus: »Die Aktion«, 10.10.1914

MICHAEL GORLIN, geb. 1909 in St. Petersburg/Russland, gest. 1942 in einem Konzentrationslager.
Der rasende Schofför aus: »Märchen und Städte«. Waldemar Hoffmann Verlag, Berlin 1930

DIETER M. GRÄF, geb. 1960 in Ludwigshafen am Rhein, lebt in Berlin.
Autotod aus: Zeitschrift »Flugasche« Nr. 3/1992

FERDINAND HARDEKOPF, geb. 1876 in Varel/Oldenburg, gest. 1954 in Burghölzli/Zürich.
Rapidität aus: »Die Aktion« Nr. 24/25, Sp. 301, 1915. Verlag Die Aktion [Franz Pfemfert], Berlin

HARALD HARTUNG, geb. 1932 in Herne, lebt in Berlin.
Dem schnelleren Fahrer aus: »Augenzeit«. Verlag Neske, Pfullingen 1978

RAOUL HAUSMANN, geb. 1886 in Wien, gest. 1971 in Limoges.
Seelen-Automobil aus: »Der Dada«, Heft 3. Der Malik-Verlag, Berlin-Halensee 1920

SEAMUS HEANEY, geb. 1939 in Tamniaran/County Londonderry, Nordirland, gest. 2013 in Dublin.
Nachtfahr aus: »Ausgewählte Gedichte«. Deutsch von Richard Pietrass. Hanser Verlag, München 1995

HERMANN HESSE, geb. 1877 in Calw, gest. 1962 in Montagnola.
Im Auto über den Julier aus: »Die Gedichte 1892-1962«. Suhrkamp Verlag, Frankfurt a.M. 2007

DIETER HOFFMANN, geb. 1934 in Dresden, lebt in Markt Geiselwind.
In Oberhessen aus: »Engel am Pflug«. Verlag v. Hase & Köhler, Mainz 1980

OTTO JÄGERSBERG, geb. 1942 in Hiltrup, lebt in Baden-Baden.
Nach Karlsruhe nur ein Katzensprung / Mädchen meiner Jugend / Mädchen aus Lörrach aus: »Wein, Liebe, Vaterland«. Diogenes Verlag, Zürich 1985.

Hanns Johst, geb. 1890 in Seerhausen/Sachsen, gest. 1978 in Ruhpolding.
Motor / Heiße Fahrt / Anfahrt aus: »Wegwärts«. Delphin-Verlag, München 1915

Yaak Karsunke, geb. 1934 in Berlin, lebt ebenda.
Matti wechselt das rad aus: »reden & ausreden«. Verlag Klaus Wagenbach, Berlin 1969

Martin Kessel, geb. 1901 in Plauen, gest. 1990 in Berlin.
Rennfahrt im Taunus aus: »Gebändigte Kurven«. Iris Verlag, Frankfurt a. M. 1927

Sarah Kirsch, geb. 1935 in Limlingerode/Kreis Nordhausen, gest. 2013 in Heide/Holstein.
Schwarzer Tag aus: »Erdreich«, Deutsche Verlags-Anstalt, München 1982

Karin Kiwus, geb. 1942 in Berlin, lebt ebenda.
Kurze Versuchsanordnung aus: »Das Gesicht der Welt. Gedichte 1976-2006«. Verlag Schöffling & Co., Frankfurt a. M. 2014

Walter Kordt, geb. 1899 in Düsseldorf, gest. 1972 ebenda.
Die Ballade von der Autorennbahn aus: »Ruhrstädte«. Verlag Kurt Virneburg, Berlin 1928

Hannes Küpper, geb. 1897 in Düsseldorf, gest. 1955 in Berlin.
327 Stundenkilometer aus: »Der Scheinwerfer«, 1. Jg., Heft 2. Essen 1927

Axel Kutsch, geb. 1945 in Bad Salzungen, lebt in Bergheim/Erft.
Ein Hirsch läuft Amok aus: »Einsturzgefahr«. Verlag Landpresse, Weilerswist 1997

Stan Lafleur, geb. 1968 in Karlsruhe, lebt in Köln.
In Muttis Fuszraum aus: »Neue Heimat«. Krash Neue Edition im Stahl-Verlag, Köln 2004

Lola Landau, geb. 1892 in Berlin, gest. 1990 in Jerusalem.
Autolied aus: »Schimmernde Gelände«. Vlg. Georg Müller, München 1916

Reimar Lenz, geb. 1931 in München, gest. 2014 in Berlin.
Mercedes aus: »Sogenannte Wirklichkeiten«, Verlag Peter-Paul Zahl, Berlin 1969

ALFRED LICHTENSTEIN, geb. 1889 in Berlin, gefallen 1914 in Vermando-villers.
Schwärmerei aus:»Die Dämmerung«. A. R. Meyer Verlag, Berlin-Wilmersdorf 1913, gedruckt im Herbst 1912

F. T. MARINETTI, geb. 1876 in Alexandria, gest. 1944 in Belagio. *An das Rennautomobil* aus:»Dichtungen«. A. R. Meyer Verlag, Berlin-Wilmersdorf 1912

PAUL MAYER, geb. 1889 in Köln, gest. 1970 in Zürich. *Nächtliche Autofahrt* aus:»Masken und Martern«. Hyperion Verlag, Berlin 1914

STEFFEN MENSCHING, geb. 1958 in Berlin, lebt ebenda. *Vollgas* aus:»Erinnerung an eine Milchglasscheibe«. Mitteldeutscher Verlag, Halle-Leipzig 1984

KURT ERICH MEURER, geb. 1891 in Meiningen, gest. 1962 in Berlin. *Autofahrt* aus:»Jeder Tag hißt Fahnen…«. Saturn Verlag Hermann Meister, Heidelberg 1914

ALFRED RICHARD MEYER, geb. 1882 in Schwerin, gest. 1956 in Lübeck. *Der Automobilist Adolf Keßler* aus:»Die Sammlung«. Verlag Meyer, Berlin, 1921

CHRISTIAN MORGENSTERN, geb. 1871 in München, gest. 1914 in Meran. *Die unmögliche Tatsache* aus:»Palmström«. Verlag Bruno Cassirer, Berlin 1910

ANDREAS NOGA, geb. 1968 in Koblenz, lebt in Alsbach/Westerwald. *Gerecht* aus:»Nacht Schicht«, Edition YE, Sistig/Eifel 2004

JÜRGEN O. OLBRICH, geb. 1955 in Bielefeld, lebt in Kassel. *Autopoem* aus: Weber, F.- J./K. Riha (Hrsg.):»Meine Stadt. Literatur und Kunst in und um S.« Verlag Höpner, Siegen 1989

RON PADGETT, geb. 1942 in Tulsa/Oklahoma, lebt in New York. *Fiat!* aus:»Große Feuerbälle«. Deutsch von Rolf Eckart John. Rowohlt Taschenbuch Verlag, Reinbek 1973

DIRK VON PETERSDORFF, geb. 1966 in Kiel, lebt in Jena.
An den Autoreifen aus:»wie es weitergeht«. S. Fischer Verlag, Frankfurt a. M. 1992. *Ford-Transit-Song*: Unveröffentlicht

MATTHIAS POLITYCKI, geb. 1955 in Karlsruhe, lebt in Hamburg und München.
Tankwart, das Lied vom Volltanken singend aus:»Jenseits von Wurst und Käse«. Hoffmann und Campe Verlag, Hamburg 2015

ULRICH POTHAST, geb. 1939 in Steinau an der Straße, lebt in Hannover.
Plötzlich hörte ich mich selber aus:»Das Bild meiner Stadt im Schnee«. Suhrkamp Verlag, Frankfurt a. M. 1984

JOACHIM RINGELNATZ, geb. 1883 in Wurzen [als Hans Gustav Bötticher], gest. 1934 in Berlin.
Neujahrsnachfahrt aus:»Sämtliche Gedichte«, Diogenes Verlag, Zürich 1997

ROMAN RITTER, geb. 1943 in Stuttgart, lebt in München.
Einen Fremden im Postamt umarmen aus:»Einen Fremden im Postamt umarmen«. Raithverlag, München 1975

THOMAS ROSENLÖCHER, geb. 1947 in Dresden, lebt ebenda.
Parkplatz aus:»Ich lag im Garten von Kleinschachwitz«. Mitteldeutscher Verlag, Halle-Leipzig 1982

RÜDIGER ROSENTHAl, geb. 1952 in Boizenburg/Elbe, lebt in Berlin.
Polnische Reise 18 aus:»Polnische Reise«. Oberbaum Verlag, Berlin 1984

PETER SALOMON, geb. 1947 in Berlin, lebt in Konstanz.
Kl. Geschichte aus:»Gegenfrost«. Dreisam Verlag, Freiburg 1979. *Im Stau* aus:»Wind kriegen«. Edition Isele, Eggingen 1988. *Das Auto* aus:»Kleine Pannenhilfe für Schöngeister«. Edition Isele, Eggingen 2005

WALLE SAYER, geb. 1960 in Bierlingen/Krs. Tübingen, lebt in Horb.
Lastwagenfahrer aus:»Die übriggebliebenen Farben«. Verlag Klaus Gasseleder, Bremen 1984. *Im Freien* aus:»Poesie-Agenda«. Orte Verlag, Rütegg/Schweiz 1999

GISELA SCHALK, geb. 1941 in Kattowitz/Polen, lebt in Dortmund.
Aber jetzt geht es endlich aufwärts aus: Zeitschrift »Jederart Nr. 11« (1996)

Tom Schulz, geb. 1970 in Großröhrsdorf, lebt in Berlin.
Nach Hause zittern aus: »Lyrik von jetzt«. Hg. von B. Kuhligk u. Jan Wagner. DuMont Literaturverlag, Köln 2003

MARTIN STEINER, geb. 1939 in Zürich, lebt ebenda.
Parkplatz aus: »Zeitzünder 3«. Orte Verlag, Zürich 1978

SUSANNE STEPHAN, geb. 1963 in Aachen, lebt in Stuttgart.
Vierzehn Zeilen näher zum Glück aus: »Tankstellengedichte«. Verlag Klöpfer & Meyer, Tübingen 2003

JÜRGEN STELLING, geb. 1947 in Berlin, lebt ebenda.
Straßenkampf aus: »Halte dich an die Regeln«. Orte-Verlag, Zürich 1984

NIKLAS STILLER, geb. 1947 in Herrsching/Bayern, lebt in Düsseldorf.
Eine Fuhre Sand aus: »Pampelmusen«. INFO-Verlag, Karlsruhe 1975

WILHELM STOLZENBURG, geb. 1879 in Wetter a. d. Ruhr, gest. 1938 in Essen.
Neu York: Cars auf Brooklyn Bridge aus: Zeitschrift »Die Sichel«, April 1920

BERND STORZ, geb. 1951 in Ravensburg, lebt in Reutlingen.
Mit Hans-Peter Reuter im Mercedes nach Nuschelberg: Unveröffentlicht

TINA STROHEKER, geb. 1948 in Ulm, lebt in Eislingen/Fils.
Im Auto durchs Filstal aus: »Provinz«. Verlag Jochen Schmelzer, Eislingen 1982

RÜDIGER STÜWE, geb. 1939 in Braunsberg/Ostpreußen, lebt in Ellerbek.
Beziehungskiste aus: Zeitschrift »Faltblatt Nr. 9«, Sistig 2004

HANNELIES TASCHAU, geb. 1937 in Hamburg, lebt in Hameln.
Tiefgaragen kennen wir schon so lange aus: »Luft zum Atmen«, Atelier Paysage, Karlsruhe 1978

JÜRGEN THEOBALDY, geb. 1944 in Straßburg, lebt in Bern.
Gelb aus: Zeitschrift »Die Horen« (1969); *Abenteuer mit Dichtung* aus: »Sperrsitz«. Palmenpresse, Köln 1973; *Fernstraße* aus: »24 Stunden offen«. Verlag Peter Engstler, Ostheim/Rhön 2006

TOMAS TRANSTRÖMER, geb. 1931 in Stockholm, gest. 2015 ebenda.
Einsamkeit aus: »Gedichte«. Deutsch von Friedrich Ege. Literarisches Colloquium, Berlin 1969

FRITZ WERF, geb. 1934 in Andernach, lebt ebenda.
Rückfahrt von Nürnberg aus: Zeitschrift »Die Horen« Nr. 107/1977

MARTINA WIED (Pseudonym für Alexandrine Martina Augusta Schnabe[l], geb. 1882 in Wien, gest. 1957 ebenda.
Bewegung aus: »Bewegung«. Verlag Ed. Strache, Wien-Leipzig 1919

Die Rechteinhaber konnten nicht in allen Fällen zweifelsfrei ermittelt werden. Wenden Sie sich bei berechtigtem Anspruch bitte an Klaus Isele Editor, Eggingen.

Über die Herausgeber

KLAUS ISELE (* 1960) lebt als Verleger, Herausgeber, Publizist und Photograph im Südschwarzwald.

PETER SALOMON (* 1947) schreibt Lyrik, Essays und Prosa und lebt in Konstanz. Für seine vielfältigen literarischen Tätigkeiten wurde er mehrfach ausgezeichnet, zuletzt mit dem Bodensee-Literaturpreis (2016).